El drama litúrgico

Pablo Marini

EL DRAMA LITÚRGICO

Estudio comparativo entre
el Misal romano revisado por San Pío V
y el *Novus Ordo Missæ* de Paulo VI

Buenos Aires
2018

*Agradecemos la ayuda desinteresada del Prof. Víctor H. Basterretche,
quien con su conocimiento sobre la materia y sus atinadas sugerencias
colaboró en la corrección de la presente obra.*

EDICIÓN CORREGIDA, AUMENTADA Y ACTUALIZADA

Marini, Pablo
El drama litúrgico: estudio comparativo entre el Misal romano
revisado por San Pío V y el Novus Ordo Missae de Pablo VI
/ Pablo Marini ; editado por Editorial Santiago Apóstol. -
3a ed ampliada. - Bella Vista : Santiago Apóstol, 2018.
166 p. ; 21 x 15 cm.
ISBN 978-987-1042-25-8
1.   Liturgia Cristiana. I. Santiago Apóstol, Editorial, ed. II. Título.
CDD 262

Diseño de tapa: Mariano Gabriel Pérez

"El nuevo Ordo Missae, si se consideran los elementos nuevos, susceptibles de apreciaciones muy diversas, que aparecen sobreentendidos o implícitos, **se aleja de manera impresionante**, tanto en el conjunto como en los detalles, **de la teología católica de la santa misa** tal como fue formulada en la XXII Sesión del Concilio de Trento, el cual, al fijar definitivamente los "cánones" del rito, levantó una barrera infranqueable contra toda herejía que pudiera menoscabar la integridad del misterio"
(*Breve Examen crítico del "Novus Ordo Missæ"*, Alfredo Cardenal Ottaviani, Antonio Cardenal Bacci, festividad de Corpus Christi, 1969)

"Dadas las formas actuales de la celebración eucarística en la Iglesia católica y en razón de las convergencias teológicas presentes, muchos obstáculos que hubieran podido impedir a un protestante participar en su celebración eucarística parecen hallarse en vías de desaparición. **Hoy en día debería serle posible a un protestante reconocer en la celebración eucarística católica la cena instituida por el Señor...**
Nos atenemos al uso de las nuevas oraciones eucarísticas en las cuales volvemos a encontrarnos y que tienen la ventaja de *matizar la teología del sacrificio* que teníamos el hábito de atribuir al catolicismo. Esas plegarias nos invitan a volver a encontrar una teología evangélica del sacrificio.
(*Consistorio superior de la Confesión de Augsburgo y Lorena*, llamada iglesia "evangélica", 8 de diciembre de 1973).

"Lo que es para Nos causa de aún mayor aflicción es la difusión de la tendencia a «desacralizar» como se atreven a decir, la liturgia (si todavía merece conservar ese nombre) y con ella, fatalmente, el cristianismo. Esa nueva mentalidad, cuyos turbios orígenes sería fácil señalar y sobre la cual e**sta demolición del culto católico auténtico** pretende fundarse, implica tales trastocamientos doctrinales, disciplinarios y pastorales, que no dudamos en calificarla de **aberrantes**. Lamentamos tener que decir esto, no solo a causa del espíritu anticanónico y radical que profesa gratuitamente, sino más bien a causa de **la desintegración que comporta fatalmente**"
(Paulo VI, *Discurso 19 de abril de 1967*, a los miembros del Consilium para la aplicación de la Constitución litúrgica).

Desgraciadamente [los innovadores] no se han contentado con algunas reformas juiciosas y necesarias; han descuidado la recomendación del Concilio, que en el artículo 23 de su Constitución sobre la Liturgia dice: "Solo se harán innovaciones si la utilidad de la Iglesia las exige verdadera y ciertamente". Han querido más: han querido mostrarse abiertos a la **nueva teología tan equívoca, abiertos al mundo de hoy.**
Por esto, los artífices del nuevo rito de la misa no pueden apelar al Concilio, aunque no cesen de hacerlo. Las instrucciones del Concilio están escritas en forma general y permanecen abiertas a diversas soluciones. En cualquier caso lo cierto es que el nuevo "ordo missæ" **no hubiera recibido la conformidad de la mayoría de los padres conciliares"**
(Klaus Gamber, *La Reforma de la Liturgia romana*, p. 34).

Lo que ha ocurrido tras el Concilio es algo completamente distinto: en lugar de una liturgia fruto de un desarrollo continuo, se ha introducido una liturgia fabricada. Se ha salido de un proceso de crecimiento y de devenir para entrar en otro de fabricación. No se ha querido continuar el devenir y la maduración orgánica de lo que ha existido durante siglos, se la ha sustituido, como si fuese una producción industrial, por una fabricación que es un producto banal del momento. [Klaus] Gamber, con la vigilancia de un auténtico vidente y con la intrepidez de un verdadero testigo, se ha opuesto a esta falsificación y nos ha enseñado incansablemente la plenitud viva de una verdadera liturgia…"
(Joseph Cardenal Ratzinger,
"Klaus Gamber, La intrepidez de un verdadero testigo").

"La promulgación de la prohibición del Misal [revisado por San Pío V] que se había desarrollado a lo largo de los siglos desde el tiempo de los sacramentales de la Iglesia antigua, **comportó una ruptura en la historia de la liturgia cuyas consecuencias solo podían ser trágicas"**.
(Joseph Ratzinger, *Mi vida*, autobiografía,
Ediciones Encuentro, Madrid, 2006, pág. 177)

"Por eso es lícito celebrar el Sacrificio de la Misa según la edición típica del Misal Romano promulgado por el bienaventurado Juan XXIII en 1962, **que no se ha abrogado nunca,** como forma extraordinaria de la Liturgia de la Iglesia".
(Motu Proprio *Summorum Pontificum*, S.S.Benedicto XVI, 7-7-2007, Art. 1, §2)

Indice

8

Prólogo

Para promover una mirada de fe y adoración en la celebración del Sacrificio eucarístico se necesita ante todo conocer y saber lo que se está celebrando. Se necesita una catequesis integral y profunda sobre la naturaleza de la oración y, sobre todo, de la naturaleza de la Santa Misa, que es sustancial y realmente la actualización o el ofrecimiento sacramental del sacrificio redentor que Cristo, el Sumo y Eterno Sacerdote, ha realizado en la Cruz, ofreciendo Su Cuerpo y Su Sangre, su Humanidad Santísima al Padre como sacrificio propiciatorio en olor de suavidad.

Cuando la Misa es conocida correctamente, fluye la acción litúrgica apropiada (*"agere sequitur esse"*). La Iglesia siempre ha advertido: *"quod agnoscite agitis!"*, "tomad conciencia de lo que realizas!" (de la liturgia de la ordenación sacerdotal). Las palabras del Señor, "si conocieras el don de Dios" (Juan 4, 10) se refieren de modo eminente a la Santa Misa. La liturgia de la Eucaristía es la celebración del misterio de fe por excelencia, del inefable misterio de adoración del Dios Uno y Trino y a la vez el misterio de la redención humana por medio del sacrificio de la Cruz.

La liturgia de la Santa Misa también es la actualización más sublime del primer mandamiento que Jesús nos ha recordado: "Adorarás al Señor tu Dios y sólo a Él rendirás culto" (Mt 4, 10). Cada vez que participamos en la Santa Misa, debemos internarnos en este espíritu de Cristo adorador. Sólo Cristo, el Dios-hombre, es capaz de adorar a Dios de manera adecuada, ya que sólo Él es santo. El acto de culto cristiano siempre se refiere a Dios uno y trino. La liturgia de la Santa Misa presta un único honor, una única reverencia y una única adoración a las Tres Personas Divinas como explicaba santo Tomás de Aquino (cf. *Summa Theologiae*, II-II, q. 84 art. 1 a 3). El triple "Sanctus" del himno angélico en la Misa (cf. Isaías 6, 3) proclama esta única adoración. La liturgia de la Santa Misa, o sea de la celebración del Sacramento de la Cruz es, por su naturaleza, teocéntrica por excelencia.

Todo el esfuerzo de la Iglesia en sus documentos oficiales debe tener siempre el objetivo de volver más clara la esencia del sacrificio de la Misa. Lamentablemente en algunas afirmaciones de los documentos del Concilio Vaticano II y, sobre todo, en la *Instrucción General del Misal Romano* según la reforma del papa Pablo VI, la verdad sobre la esencia de la Santa Misa, es decir, su carácter primario y substancialmente sacrificial y propiciatorio, se ha presentado con menor claridad debido a algunas expresiones ambiguas. Esto ha oscurecido el concepto genuinamente católico del sacrificio de la Cruz y del sacrificio eucarístico y la naturaleza teocéntrica de la oración litúrgica.

Expresiones como "celebrar el Misterio pascual", "celebrar la muerte y resurrección de Cristo", "Memorial de la muerte y resurrección de Cristo", "celebrar la cena o el banquete del Señor", "la presencia de Cristo en la Asamblea litúrgica", "el ofrecimiento del sacrificio por parte de la Asamblea litúrgica" y otras similares, incluso cuando se utilizan al mismo tiempo que las expresiones dogmáticas tradicionales, favorecen la ambigüedad y el relativismo con respecto a la recta comprensión de la naturaleza del sacrificio de la Misa. Se puede constatar una deriva hacia una comprensión protestante o luterana de la Eucaristía, por ejemplo, cuando se habla de la Eucaristía como la celebración de la cena o del banquete del Señor; cuando el aspecto sacrificial y convivial tienen igual valor, el concepto de sacrificio en la liturgia eucarística no expresa un sacrificio real y menos aún un sacrificio propiciatorio; el principal agente es la comunidad misma; el carácter y estilo principalmente didáctico de la celebración ha desplazado al sentido latréutico y teocéntrico.

Además, existe una confusión doctrinal en las expresiones mencionadas concernientes al valor y al mérito redentor primario y fundamental de la muerte de Cristo en la Cruz en relación con el significado de Su resurrección. De aquellas expresiones ambiguas ya mencionadas, se sigue lógicamente el carácter y el estilo ambiguo de los ritos renovados de la misa según el Misal de Pablo VI.

En los últimos ya casi 50 años se han levantado varias voces en la Iglesia por parte de personas competentes y profundamente amantes de la Eucaristía y de la Iglesia, voces que han señalado respetuosa y convincentemente las deficiencias doctrinales de la Instrucción General del Misal Romano y consecuentemente, también las deficiencias doctrinales como de la celebración del rito de la misa del Misal de Pablo VI.

Lamentablemente, esas voces no han sido debidamente acogidas y escuchadas por las autoridades competentes. Reinó y sigue reinando una mentalidad de un exasperado positivismo jurídico, según el cual la voluntad del legislador (del Papa) es la norma suprema e irreformable aún en los aspectos no protegidos por el carisma de infalibilidad pontificia. Esa mentalidad de hoy contrasta fuertemente con la actitud, por ejemplo, de un papa como Pío IX. Interrogado por varios obispos sobre la conveniencia de añadir en el canon de la misa el nombre de San José, Pío IX respondió: "No puedo hacerlo, sólo soy el Papa".

En medio del clima de rechazo categórico a todas las posibles críticas constructivas al rito de la Misa de Pablo VI apareció, sin embargo, una luz. Esta luz es el Motu Proprio *Summorum Pontificum* del papa Benedicto XVI de 2007, donde un pontífice reconoce por primera vez oficialmente el hecho de que el rito de la Misa de Pablo VI puede ser enriquecido con los elementos del rito tradicional de la Misa. De hecho, este reconocimiento puede ser entendido como una crítica indirecta de los aspectos deficientes del rito de Pablo VI.

Por otra parte, el actual Prefecto de la Congregación para el Culto Divino y la Disciplina de los Sacramentos, el cardenal Robert Sarah, ha expresado varias veces y en varias ocasiones la necesidad de una reforma del rito de Pablo VI, enriqueciéndolo con los probados elementos litúrgicos tradicionales. El cardenal Sarah mencionó explícitamente los siguientes aspectos: celebración *ad Orientem* en todas las oraciones pronunciadas por el celebrante y sobre todo a partir del Ofertorio y durante el Canon (cf. "Hacia una implementación auténtica del Sagrado Concilium", discurso en la Conferencia de Sagrada Liturgia en Londres, 5 de julio de 2016), el uso facultativo (opcional) de los ritos iniciales o penitenciales según el Misal tradicional; el uso facultativo (opcional) de las oraciones y el rito del Ofertorio según el Misal tradicional, la recitación de algunas partes del Canon en voz baja; el estímulo de recibir la Santa Comunión de rodillas y en la boca (cf. Entrevista con el diario *La Nef*, N°285, octubre 2016).

El presente libro, *El drama litúrgico –estudio comparativo entre el Misal Romano revisado por San Pío V y el Novus Ordo missæ de Paulo VI–* del autor Augusto del Río, representa una contribución competente y plenamente constructiva en vista de la necesaria reforma y del enriquecimiento del rito de la Misa de Pablo VI. La obra de Augusto del Río muestra con honestidad intelectual y parresía evangélica las carencias doctrinarias y de celebración y las ambigüedades del rito de la Misa de Pablo VI. Es loable que el autor no pretenda silenciar los problemas ni barrerlos bajo la alfombra. Él hace esto por su fe y amor por el tesoro más preciado que posee la Iglesia: el sacrificio de la Santa Misa. Ella es el tesoro más preciado y vital para la Iglesia, así que no hay peligro de exagerar el cuidado doctrinal y litúrgico y la preocupación por su ritual.

Es bueno escuchar las siguientes declaraciones doctrinales muy claras del papa Juan Pablo II sobre el carácter sacrificial de la Santa Misa y el consecuente y necesario carácter sacral de su celebración:

"la Eucaristía lleva inscrito de manera indeleble el acontecimiento de la pasión y la muerte del Señor. No es sólo la evocación, sino la re-presentación sacramental".

"(…) este sacrificio es tan decisivo para la salvación de la humanidad que Jesucristo lo cumplió y regresó al Padre sólo después de dejarnos los medios para participar en él como si hubiéramos estado presentes".

"Cristo afirmó solemnemente que lo que él les dio para comer y beber era su cuerpo y su sangre, pero también expresó su valor sacrificial, haciendo presente de una manera sacramental su sacrificio, que se llevaría a cabo en la Cruz algunas horas más tarde para la salvación de todos" (cf. encíclica *Ecclesia de Eucaristía*, 11).

"la Iglesia vive continuamente en el sacrificio redentor, y accede a él no sólo a través de un recuerdo lleno de fe, sino también en un contacto actual, ya que este sacrificio se vuelve presente, perpetuándose sacramentalmente, en cada comunidad que lo ofrece por manos del ministro consagrado. De esta manera la Eucaristía aplica a los hombres de hoy la reconciliación obtenida de una vez por todas por Cristo para la humanidad de todos los tiempos. De hecho, 'el sacrificio de Cristo y el sacrificio de la Eucaristía son un único sacrificio'." (Catecismo de la Iglesia Católica, 1367, y encíclica *Ecclesia de Eucaristía*, 12).

"en virtud de su íntima relación con el sacrificio del Gólgota, la Eucaristía es un sacrificio en sentido propio y no sólo en un sentido genérico, como si fuera la mera ofrenda de Cristo como alimento espiritual a los fieles". (Encíclica *Ecclesia de Eucaristía*, 13).

"Cada explicación teológica que intenta penetrar de alguna manera este misterio, para estar de acuerdo con la fe católica debe mantener firme que en la realidad objetiva, independientemente de nuestro espíritu, el pan y el vino han dejado de existir después de la Consagración así que, a partir de ese momento, son el Cuerpo adorable y la Sangre del Señor Jesús para estar verdaderamente ante nosotros bajo las especies sacramentales del pan y del vino" (Pablo VI, *Profesión solemne de fe*, 30 de junio 1968, 25)". (Encíclica *Ecclesia de Eucaristía*, 15).

"In persona Christi" significa más que 'en nombre', o 'en lugar' de Cristo. En persona: eso está en la específica, sacramental identificación con el Sumo y Eterno Sacerdote que es el autor y el sujeto principal de éste su propio sacrificio, en el cual en verdad no puede ser substituido por nadie (Juan Pablo II, *Dominicae cenae*, 8)". (Encíclica *Ecclesia de Eucaristía*, 15).

"Como la mujer de la unción de Betania, la Iglesia no ha temido 'derrochar', invirtiendo lo mejor de sus recursos para expresar su admiración y adoración ante el don inconmensurable de la Eucaristía." (Encíclica *Ecclesia de Eucaristía*, 48).

"Si la lógica del 'banquete' inspira familiaridad, la Iglesia nunca ha sucumbido a la tentación de trivializar esta 'familiaridad' con su Esposo olvidando que Él es también su Señor y que el 'banquete' sigue siendo un banquete sacrificial, marcado por la Sangre derramada en el Gólgota". (*Ibid*.).

"El pan que es partido sobre nuestros altares, ofrecido a nuestra condición de caminantes por las calles del mundo, es '*Panis Angelorum*', 'Pan de los ángeles', al cual uno no se puede acercar sino con la humildad del centurión del Evangelio: 'Señor, no soy digno de que entres en mi casa' (Mt 8, 8; Lc 7, 6)". (*Ibid*.).

"El 'tesoro' del inefable misterio eucarístico es demasiado grande y precioso para arriesgarse a empobrecerlo o socavarlo" (Encíclica *Ecclesia de Eucaristía*, 51).

"Durante la Misa mis ojos se fijaron sobre la hostia y sobre el cáliz en los que el tiempo y el espacio son de alguna manera 'concentrados' y el drama del Gólgota se representa en vivo, revelando su misteriosa 'contemporaneidad'." (Encíclica *Ecclesia de Eucaristía*, 59).

"El misterio eucarístico –sacrificio, presencia, banquete– no permite reducciones ni instrumentalizaciones". (Encíclica *Ecclesia de Eucaristía*, 61).

"Dando a la Eucaristía todo el relieve que se merece, y teniendo en cuenta todas las preocupaciones de no disminuir ninguna de sus dimensiones o exigencias, somos verdaderamente conscientes de la grandeza de este don. Nos invita a ello una tradición ininterrumpida, que desde los primeros siglos ha visto a la comunidad cristiana vigilante en la custodia de este 'tesoro'. Impulsada por el amor, la Iglesia se preocupa de transmitir a las sucesivas generaciones cristianas, sin perder ningún fragmento, la fe y la doctrina sobre el Misterio eucarístico. No hay peligro de exagerar en el cuidado de este Misterio, porque 'en este Sacramento se resume todo el misterio de nuestra salvación' (Santo Tomás de Aquino, *Summa Theologica*, III, Q. 83, A. 4 c)" (Encíclica *Ecclesia de Eucaristía*, 61).

Una doctrina tan clara como la que acabamos de citar, lógicamente requiere que el rito de la Misa y todos sus detalles (el *agere*) reflejen de la manera más perfecta posible la verdad y la esencia (el ser), o con otras palabras: que la norma de orar, la *lex orandi*, refleje de la manera más perfecta posible la norma de creer, la *lex credendi*.

Ya durante el debate sobre la liturgia en el Concilio Vaticano II se alzaron voces que advirtieron del peligro de consecuencias nefastas para la fe de los fieles, cuando se empezaron a cambiar drásticamente los aspectos litúrgicos tradicionales. El padre conciliar, el cardenal James McGuigan, Arzobispo de Toronto, decía: "*Los cambios perturbarán el alma de los fieles al crear en ellos la sensación de que la liturgia, una vez modificada, luego con el paso de los años será gradualmente tan corrupta y deformada, que ya no podrá ser más considerada como la expresión adecuada a un misterio tan sagrado*" (Concilii Vaticani II Synopsis. Constitutio de Sacra Liturgia Sacrosanctum Concilium, Ed. F. Gil Hellín, Ciudad del Vaticano 2003, p. 745). La advertencia de este padre conciliar se ha verificado en gran parte con la reforma del rito de la Misa, realizada por el papa Pablo VI.

Otra voz durante el Concilio Vaticano II resultó igualmente profética y su pronóstico fue, lamentablemente, bastante comprobado en la reforma litúrgica postconciliar. Escuchemos la voz de Mons. Franjo Čekada Smiljan, obispo de Skopje en Macedonia: "*La liturgia de la Misa no debe ser tratada como un espectáculo popular, que debe ser acomodado al gusto de los espectadores o al juicio inconstante y fútil de la multitud. A lo divino, se debe acceder con la máxima observancia y reverencia. "¡Quítate las sandalias de los pies, porque el lugar donde te paras es una tierra santa!" (Ex 3, 5). La liturgia de la Misa, en la que es representada para nosotros la pasión y la muerte del Señor, ha adquirido en el transcurso de los siglos las formas actuales. Desde su núcleo primitivo, la liturgia de la Misa se ha desarrollado de manera espontánea y orgánica, gradual y sucesivamente –ciertamente bajo la influencia del Espíritu Santo que siempre está presente en la Iglesia– al rito de hoy, que lleno de armonía y de belleza, es capaz de expresar con signos y palabras lo que contiene y significa. Ahora, sin embargo, muchos piden que este rito sea cambiado tanto en la parte doctrinal como en el mismo Canon. Si fuesen escuchadas las muy diversas propuestas que han sido expresadas hasta ahora, la reconstrucción de nuestra misa será tan radical que difícilmente podría ser reconocida por aquellos que hasta ahora asistían usualmente a ella*" (Concilii Vaticani II Sinopsis, op. cit., p. 828).

Espero que el presente libro sea una contribución efectiva para ayudar a teólogos y liturgistas, pero sobre todo a los que tienen autoridad en la Iglesia, para devolver a la liturgia de la Misa la claridad doctrinal y su esplendor ritual. Por su propia naturaleza, la celebración del sacrificio redentor de Cristo requiere exactitud doctrinal y esplendor ritual, ya que se trata de la máxima expresión del culto a la Santísima Trinidad. Este culto es en realidad una "Divina liturgia" y debe ser reconocida como tal por todos. Con la expresión "Divina liturgia" se designa, por ejemplo, la celebración del sacrificio eucarístico en el rito Bizantino.

Todos los detalles y momentos de la celebración litúrgica deben reflejar esta verdad, expresada en las palabras del salmista: "Entraré en Tu casa, me postraré con temor en Tu santo templo" (Sal 5, 8) y "Señor, me encanta la belleza de Tu casa y el lugar donde habita Tu gloria" (Sal 26, 8). Verdaderamente la gloria de Dios habita visiblemente en el cuerpo de Cristo (cf. Col. 2, 9), de hecho en el Cuerpo Eucarístico de Cristo, porque en cada Santa Misa Él se hace carne y erige la carpa (la *"Shekhina"*) de su gloria entre nosotros (cf. Juan 1, 14). El celebrante y los participantes deben decir: "Hemos visto Su gloria, la gloria del Unigénito de Dios Padre, lleno de gracia y verdad" (cf. Juan 1, 14). Estas palabras divinas son las últimas palabras de la Santa Misa en su *usus antiquior*. Raramente encontramos palabras litúrgicas tan apropiadas para concluir el acto más perfecto de adoración divina en esta tierra, que es precisamente la liturgia de la Santa Misa.

En medio de la gran crisis litúrgica –es decir, en medio del actual exilio litúrgico "avignonense"– debemos conservar siempre el espíritu sobrenatural de la fe y sobre todo la esperanza de que la verdad y la belleza de la liturgia de la Misa resplandezcan de nuevo en la Iglesia. Como portada del libro se ha elegido la imagen muy adecuada e imponente de una catedral medio en ruinas, en la que tiene lugar el esplendor de la liturgia tradicional de una Misa solemne. Esta imagen expresa simbólicamente la vida litúrgica después del Concilio. Las imágenes hablan más fuertemente que las palabras. La esperanza no se basa en la reconstrucción de la catedral, sino en la reconstrucción de la sagrada liturgia de la Misa de acuerdo con el sentido perenne de la Iglesia. Podemos ver ya muchas campanillas, y flores que anuncian la primavera. Considero este libro *El drama litúrgico -estudio comparativo entre el Misal Romano revisado por San Pío V y el Novus Ordo missæ de Paulo VI* como una de esas campanillas, que anuncian la verdadera primavera de la liturgia de la Santa Iglesia en nuestros días.

6 agosto de 2018
Athanasius Schneider, Arzobispo Auxiliar
de la Arquidiócesis de María Santísima en Astana

Nota del autor a la Segunda edición[1]

Con renovado ímpetu en nuestros corazones nos alegramos de poder presentar esta nueva edición (1ra. en Editorial Teodicea) corregida, aumentada y actualizada de *El Drama Litúrgico*. Agotada la primera edición en un tiempo relativamente breve –considerando que es un tema de características tan específicas– nos sorprendió el interés despertado en el público en general, incluyendo jóvenes que ni siquiera habían nacido en la época del Concilio Vaticano II.

Por cierto que no nos mueve para realizar esto ninguna nostalgia insana por el pasado, ni tampoco se trata de alentar las "sensibilidades litúrgicas" de personas que se sentirían más cómodas en un rito que en otro, como si todo esto fuera simplemente una cuestión de gustos y estilos. Digámoslo ya con ese brillante liturgista del siglo XX que fue Klaus Gamber: "Conservar el *Ritus Romanus* [se refiere al rito vigente antes de 1969] no es una cuestión de estética: es, para nuestra santa Fe, cuestión de vida o muerte".

Para estímulo de todos aquellos que entendemos es fundamental para la restauración del auténtico sentido de la verdad católica en todos los ámbitos (dogmática, moral, política, etc.) que la liturgia vuelva al esplendor, belleza y exactitud teológica que ha mostrado en el pasado, hemos sido testigos en los primeros años del pontificado de S.S. Benedicto XVI de algunas medidas que parecen apuntar en esa dirección.

Aunque por ahora parece apenas una tendencia (que se va insinuando), consideramos que estos pasos han sido los primeros que se han dado en décadas para –aunque sea– desacelerar la inercia del proceso de desacralización y de confusión inaugurado abiertamente con la Reforma (más bien habría que llamarla "revolución") litúrgica llevada a cabo durante el pontificado del papa Paulo VI.

Sin duda que la más importante de esta serie de medidas ha sido la Carta Apostólica de Benedicto XVI del 7 de julio de 2007 en forma de «motu proprio» «Summorum Pontificum» sobre el uso de la liturgia romana anterior a la reforma de 1969 y cuyo texto completo hemos incluido al final de esta obra (Anexo 3, pág. 163).

Sabemos de la inquietud que ha causado este documento en los sectores que sostienen ciertas posturas "moderadas", que parecen no logran asumir el problema en su raíz, y tratan de disolver la profunda gravedad de la crisis litúrgica sosteniendo que el Papa responde con este documento y con otras medidas, simplemente, a los "abusos litúrgicos" que llevan a cabo algunos "exagerados". Ni qué hablar de las críticas del sector ultraprogresista que, ante cada paso que da en este sentido el Sumo Pontífice, ladra todo su odio a la Tradición y a la verdadera Fe católica.

---

1   Primera en Editorial Teodicea

Pero, por otro lado, no ignoramos las ambigüedades y contramarchas que involucran estos pasos. Tampoco nos abandona la sensación de que algunas de estas medidas reflejan un poder pontificio acotado y, simultáneamente, un deseo de salvar a toda costa los documentos conciliares que originaron la reforma, atribuyendo a una "interpretación abusiva" lo que de hecho está en algunos de sus pasajes y, especialmente, en el espíritu de la *Sacrosanctum Concilium*. Todo esto, nos parece que, además, dificulta una rectificación de los errores teológicos modernistas insertos en las principales disciplinas de la teología actual y que se han infiltrado, incluso, en los documentos magisteriales y en la misma liturgia.

Sin embargo, "la gracia actúa" y esto no hace más que alentarnos a continuar incansablemente en nuestra tarea de clarificación para que cada vez más católicos tomen conciencia de los motivos más profundos de nuestra crisis y apoyen con fundadas razones y renovada convicción todas las medidas que puedan apuntar a la restauración plena de la verdad en los corazones y en las mentes de los fieles y, especialmente, de aquellos que tienen la responsabilidad de regir los destinos de la única Iglesia de Jesucristo, la Iglesia Católica Apostólica y Romana.

Esta nueva edición de *El Drama Litúrgico* apunta en esa dirección. La hemos anotado más profusamente, incluyendo un análisis detallado del famoso art. 7 de la IGMR (el ahora N°27 en la Tercera edición revisada de 2002), hemos hecho nuevas observaciones con más argumentos teológicos y con más testimonios de personas directamente involucradas en el proceso de innovación litúrgica, que fuimos encontrando a lo largo de estos años. Además, nos hemos referido –aunque sea de manera concisa– a los efectos desacralizadores verificados en la supresión del latín, las vestiduras sacerdotales, la arquitectura sacra, la música, la letra de los cantos, el culto de las imágenes, el papel del silencio en el culto y, finalmente, el problema de las traducciones, entre otras cosas. Unos gráficos estadísticos nos ayudarán para vislumbrar más fácilmente la magnitud de los cambios realizados. También hemos mejorado la presentación de los dos ritos comparados para una mayor comodidad del lector.

Abrigamos la esperanza de que todo esto –por la gracia de Dios– redunde en bien de los corazones y mentes de nuestros lectores y se puedan apreciar las gravísimas consecuencias de la reforma litúrgica y, al mismo tiempo, la inseparable relación entre la *lex orandi*, cuya expresión es la liturgia, y la *lex credendi*, ley de la Fe. Una y otra forman un entramado indisoluble, y es evidente que lo que afecta a la oración repercute en lo que se cree, y a la inversa, si la fe se desvía y pervierte, eso tendrá obvias consecuencias en lo que se reza. Este libro pretende mostrar cómo la reforma litúrgica de Paulo VI afectó de manera notable esa sensible relación.

Cuaresma de 2008

Parte I
Presentación

*"El mismo Dios no puede hacer
una acción más sagrada y más grande
que la celebración de una Santa Misa"*

San Alfonso María de Ligorio

I

LA REFORMA LITÚRGICA Y EL PROCESO DE DESACRALIZACIÓN CONTEMPORÁNEO

En medio de tantos "cultos alternativos", de discursos "light" y de tanto hombre posmoderno que no sabe dónde está parado ni cómo posicionarse frente a la amenazadora ola globalizante y tecnocrática que parece querer barrer con todas las certidumbres, a algunos les puede parecer desproporcionado –y hasta inoportuno– que nos detengamos a analizar el auténtico drama litúrgico que se está viviendo desde hace décadas dentro de la Iglesia Católica y que, como decían los autores del Breve Examen Crítico del "Novus Ordo Missæ", está colocando al "verdadero católico, de cualquier condición u orden… en la trágica necesidad de optar entre cosas opuestas entre sí" (*Breve Examen Crítico del Novus Ordo Missæ*, Alfredo cardenal Ottaviani, Antonio cardenal Bacci, p. 93)

Este drama –cuyos orígenes modernos los estudiosos han podido establecer ya en las tempranas desviaciones del otrora legítimo (y ortodoxo) "movimiento litúrgico" de finales del siglo XIX y principios del XX– ha tenido un momento culminante con la firma por el papa Paulo VI de la Constitución Apostólica *Missale romanum*, el día 3 de abril de 1969, Jueves Santo, proponiendo un misal renovado para la Iglesia latina.

Lo que la Constitución *Sacrosantum Concilium* aprobada durante el Concilio Vaticano II había propuesto, a saber, que se provea "con solicitud a un reforma general de la liturgia" (N°21), desembocó en un proceso inédito de novedades y de tal grado de desacralización que ha llevado a liturgistas de primer nivel a denunciarlo como una verdadera "destrucción del Rito romano" (Klaus Gamber, *La Reforma de la Liturgia romana*, Ediciones Renovación, Madrid, 1996, pág. 51).

> "En adelante sufriremos una liturgia que no se centra ya en Dios –hasta ahora los ojos de los fieles estaban fijos en su Hijo, hecho hombre, clavado en una cruz y en las imágenes de los Santos– sino en la parroquia reunida para la cena comunitaria" (op.cit., pág. 54).

Este trabajo no pretende ser un análisis erudito y exhaustivo de los motivos más profundos y las causas últimas, tanto en un plano filosófico como teológico que han conducido al actual estado de cosas en la liturgia católica. Para ello, el que lo desee puede consultar la variada bibliografía existente, fruto de la investigación de años de estudios como los llevados a cabo por el citado Gamber. Y de hecho, nos hemos apoyado en una pequeña parte de esta bibliografía para ilustrar al lector sobre el problema.

En realidad, pretendemos algo mucho más modesto y sencillo. Básicamente ilustraremos al lector sobre la realidad de que toda la reforma litúrgica –llevada a cabo por conveniencias pastorales de un desviado ecumenismo– hizo que el nuevo rito tendiera a asemejar la liturgia católica a una celebración protestante. Y esto puede sostenerse con cuatro afirmaciones fundamentales:

1°) Se ha puesto en un plano de igualdad la presencia de Cristo en su Palabra y en su pueblo, con la presencia sacramental transubstanciada de Cristo como Sacerdote y Víctima, afectando el dogma de la Presencia real.

2°) El centro gravitacional en la estructura de la misa ya no se ubica en el sacrificio sino en el banquete conmemorativo, distorsionando el sentido de la Redención.

3°) Se tiende a borrar la distinción esencial entre el Sacerdocio universal de los fieles y el Sacerdocio Sacramental y a eliminar el papel del Sacerdote como intermediario entre Dios y los fieles, reduciéndolo a un mero presidente de la Asamblea litúrgica.

4°) La dimensión eucarística (de acción de gracias), como consecuencia, tendrá absoluta prioridad sobre la finalidad satisfactoria (expiación y propiciación), que queda totalmente relegada, si no eliminada.

Pretendemos probar esto y, para que lo entienda el fiel común, lo haremos mediante un método simple: la comparación texto a texto, línea por línea, entre el rito romano revisado por san Pío V y el Novus Ordo Missæ de Paulo VI (Tercera Parte, pág. 93-158). Sabemos que este tema ha preocupado desde su inicio a muchas personas fieles a la Iglesia. Y sin duda estos trabajos han contribuido a un progresivo acercamiento al nudo del problema. Pero lo que siempre extrañamos en ellos fue la comparación "línea a línea" de la que hablamos más arriba. Al no existir tal confrontación, el fiel común, a menudo, se pierde en la maraña de argumentaciones de los distintos especialistas. De hecho, al conversar con distintas personas sobre el problema, uno percibe esta dispersión y la consiguiente confusión, lo que conspira contra una correcta evaluación de la situación.

Por eso, y en el humilde intento de remediar esto, nos hemos propuesto una forma que creemos más adecuada de confrontación de los textos por medio de columnas paralelas para que el lector tenga una visión simultánea de las diferencias apreciadas. También hemos agregado, gracias a los aportes de aquellos especialistas, las observaciones pertinentes en cada caso, diseñando este libro de forma tal que se pueda percibir rápidamente las diferencias entre uno y otro rito, los cambios, supresiones, reducciones, etc. y sus consecuencias doctrinales.

Algunas aclaraciones: *en primer lugar,* nos hemos sujetado en todo al texto unificado en lengua española del Ordinario de la Misa, editado por la Conferencia Episcopal Argentina en 1989.[1]

En segundo lugar, hemos realizado la comparación entre los dos ritos, incluyendo las Oraciones Eucarísticas más usuales: la 1 o el [mal] llamado "Canon Romano", la 2, la 3 y la 4 (aunque es usual identificar a las Preces Eucarísticas con números romanos, hemos preferido la numeración arábiga para mayor claridad del lector), dejando de lado otras Oraciones Eucarísticas que también están incluidas en el Ordinario de la Misa citado: por ejemplo, todas las versiones de la Oración Eucarística llamada "del Sínodo suizo" (5a, 5b, 5c, 5d); o las Oraciones sobre la Reconciliación o para las misas con niños. Téngase presente que el análisis de estas últimas Oraciones eucarísticas o Anáforas no agrega nada especial a las divergencias fundamentales señaladas entre el Canon romano del rito revisado por san Pío V y las Oraciones eucarísticas del Novus Ordo Missæ. En rigor de verdad, brevemente acotemos que estas Oraciones aumentan aún más la certidumbre sobre el propósito de ciertos liturgistas y teólogos de alejar esencialmente al culto católico de las posturas ortodoxas sostenidas por la Iglesia desde siempre.

En tercer lugar, hemos tenido que optar, en aras de la brevedad del trabajo, por uno solo de los Prefacios, para cada Oración Eucarística, de

---

1   Para evitar tempranas objeciones, tenemos presente que, posteriormente a la publicación de las dos primeras ediciones de este trabajo, la Conferencia Episcopal Argentina aprobó un nuevo misal en el año 2009. Desde el punto de vista de lo que nos hemos propuesto aquí, no solo no hay en ese nuevo misal cambios esenciales que pudieran haber moderado las advertencias que planteamos sino que sabemos positivamente que se han agravado las razones que hacen necesario denunciar el creciente proceso de desacralización y protestantización litúrgica. Amén de ver cómo incluso se han utilizado argumentos especiosos para lograr el reemplazo del uso del "vosotros" por el prosaico "ustedes" en la liturgia. Podríamos decir que lo único claramente positivo ha sido la corrección (¡finalmente!) en la fórmula consagratoria del vino del "por todos los hombres" por el "por muchos".

entre los 16 (dieciséis) que contiene el Ordinario de la Misa (p. ej., Prefacio de Adviento, de Cuaresma, del Tiempo Ordinario, de Santa María Virgen, Prefacio Común, Prefacio del Bautismo, Prefacio de la Confirmación, etc.)

En cuarto lugar, es sabido que todo análisis del Novus Ordo Missæ, para ser integral, debería ir acompañado de una similar investigación sobre la correspondiente *Presentación o Instrucción general (Institutio generalis Missalis romani,* en adelante IGMR*).* Para los que no lo saben "el nuevo misal está precedido por una *Presentación o Institución general* que no es una simple compilación de rúbricas, sino más bien una síntesis de principios teológicos, ascéticos y pastorales indispensable tanto para el conocimiento doctrinal como para la celebración, la catequesis y la pastoral de la misa" (*Carta pontificia a la semana litúrgica de Italia,* DC 1594, 3 de octubre 1971, p. 866). Para no abrumar al lector con un análisis demasiado detallado haremos mínimas referencias a esta presentación, excepto en el caso del famoso art. 7 –que hemos estudiado con algún detalle– y que fue el pasaje más polémico de la Instrucción General cuando apareció originalmente en 1969. Para esto último nos hemos valido de cuatro traducciones diferentes al español de la "Editio typica tertia Missalis Romani" (2002). Insistimos en que varios de los trabajos ya publicados pueden satisfacer a aquellos que busquen profundizar el tema.

Volvamos a lo dicho más arriba: ¿es oportuno ocuparse de esto?, ¿acaso no constituye una preocupación desproporcionada? ¿No hay problemas mucho más graves en la Iglesia? Lejos de pensar algo así, por el contrario –y en coincidencia con lo dicho por eminentes personalidades católicas– no descubrimos nada nuevo si decimos que una de las claves de la crisis de fe en la Iglesia pasa por la situación litúrgica.

Algún "optimista ingenuo" podrá apoyarse en lo dicho por los autores de la IGMR cuando afirman que en el pasado la Iglesia se vio obligada a no modificar casi nada en los temas litúrgicos debido al contexto histórico hostil de la rebelión protestante *"que ponía en crisis la fe católica acerca de la naturaleza sacrificial de la Misa, acerca del sacerdocio ministerial y de la presencia real y permanente de Cristo bajo las especies eucarísticas"* (N°7, versión 2002). Pero que, ahora, en cambio, *"cuando los Padres del Concilio Vaticano II reiteraron las aseveraciones dogmáticas del Concilio Tridentino, hablaron en una época muy distinta, y por esta razón pudieron aportar sugerencias y orientaciones pastorales **totalmente imprevisibles** [¡ciertamente imprevisibles!] hace cuatro siglos".* (N°10)

Y en el N°15 se afirma que *"las normas litúrgicas del Concilio de Trento han sido razonablemente completadas y perfeccionadas en varias partes por las normas del Vaticano II, que llevó a término los esfuerzos por acercar más a los fieles a la Liturgia…"*.

De modo tal que –según sus promotores– la reforma litúrgica ha sido llevada a cabo en perfecta coherencia con todo lo anterior y que lo que "algunos fundamentalistas" consideran una ruptura es, en realidad, nada más que el resultado de una serie de lamentables malentendidos y abusos.[2] Y así, para encontrar el auténtico sentido de toda esta reforma bastaría con aplicar una "hermenéutica de la reforma" sobre los textos conciliares, el rito nuevo y sobre la misma Instrucción General del Misal Romano en vez de una "hermenéutica de la discontinuidad y ruptura", como ha intentado distinguir el papa Benedicto XVI en un conocido discurso.[3]

Frente a esta afirmación de una perfecta continuidad en la reforma, de que no hay ninguna crisis y que, en el peor de los casos, se trata solo de abusos, nosotros preguntamos: ¿acaso todos los libros que se han escrito

---

2 Es –por lo menos– curioso que los redactores de la IGMR pretendan hacernos creer que el nuevo contexto histórico de mediados y finales de los años '60 del siglo XX hacían posible los cambios litúrgicos sin el peligro de atentar contra la fe, cuando ya era evidente en ese momento (1969) el proceso de "autodemolición", advertido por el mismo papa Paulo VI (7-12-1968) que estaba viviendo la Iglesia (renuncias en masa al sacerdocio, aplicación del racionalismo historicista a la exégesis bíblica, experimentación litúrgica, el asunto del Catecismo Holandés, resistencia abierta a la autoridad magisterial [p.ej. encíclica *Humanae Vitae*], cuestionamiento de casi todos los dogmas y de la moral católicas, estado de deliberación y contestación permanentes, etc.). Cuarenta años después de esa reforma se sigue denunciando la pérdida masiva del sentido auténtico de la liturgia católica y su deriva hacia una interpretación herética. En realidad, en un aspecto sí se le podría dar la razón a la IGMR respecto a que algo cambió: en el siglo XVI eran los protestantes los que hostilizaban los dogmas católicos *desde afuera* (porque habían sido declarados herejes). Hoy, por el contrario se coincide en hablar de este proceso de protestantización *desde adentro* de la Iglesia.

3 *Discurso del Santo Padre Benedicto XVI a los cardenales, arzobispos, obispos y prelados superiores de la Curia Romana*, 22 de diciembre de 2005. Nos parece que este discurso –en consonancia con sus obras más importantes como, por ejemplo, *Teoría de los principios teológicos*, Editorial Herder– debe ser considerado clave por cualquiera que desee conocer el pensamiento más auténtico de S.S. Benedicto XVI, especialmente en lo que se refiere a la relación entre la Iglesia Católica y el Mundo Moderno. En él aparecen algunos principios de interpretación del Magisterio –sobre todo el de los Papas del siglo XIX, pero que también alcanza a afirmaciones magisteriales de los papas de la primera mitad del siglo XX incluido Pío XII– que habría que aplicar con muchísimo cuidado y haciendo delicadas distinciones si es que se quiere mantener –y no relativizar históricamente como parece que se hace en este discurso– la ya definida e inmutable condena doctrinal, en puntos esenciales, del *liberalismo* en cuanto sistema político representativo de la herejía *naturalista*. [cfr. entre otros documentos, encíclicas *Mirari vos* (Gregorio XVI), *Quanta cura*, el catálogo de los errores modernos o *Syllabus* (Pío IX), las encíclicas *Inmortale Dei*, *Libertas* (León XIII), *Notre charge apostolique* (San Pío X), *Quas Primas* (Pío XI), Alocución *Ci riesce* (Pío XII)].

después del Concilio Vaticano II y que denuncian el proceso de protestantización, no solo en la liturgia sino también en otros ámbitos de la doctrina católica, exageran? El entonces cardenal Ratzinger afirmaba que existe el peligro de tal protestantización y que "no es un mero espantapájaros montado por algunos círculos integristas" (cfr. *Informe sobre la fe*, con Vittorio Messori, BAC, Madrid, 1985, pág. 172). ¿Se pretende, acaso, afirmar que hoy, en la mente y en la práctica de la mayoría de los fieles y en una proporción importante de sacerdotes, se cree con pacífica convicción y profunda fe, sin confusión alguna y de manera clara, que la Misa es la actualización y renovación del mismo sacrificio de la Cruz y que no debe ser asimilada a un simple banquete fraternal, que el sacerdote es un intermediario entre Dios y los hombres y que su ministerio es esencialmente diferente al de los laicos, que Cristo está presente verdadera, real y substancialmente bajo las especies eucarísticas, entre otras cosas fundamentales? Por el contrario, se sabe que todas estas verdades han sido sistemáticamente oscurecidas en las últimas décadas en la catequesis, en la formación sacerdotal, y en la práctica sacramental. Si no fuera así, ¿habría el papa Benedicto XVI denunciado –respecto a la catequesis– que "la ignorancia religiosa ha alcanzado hoy un nivel espantoso"?[4] Y es también evidente que el olvido de estas verdades fundamentales ha sido facilitado por una serie de factores que antes contribuían al esplendor del culto y a su exacta expresión teológica y que hoy han sido también modificados, o directamente eliminados, arrastrados por la "deriva protestantizante". Así podríamos referirnos –aunque sea comentándolos de manera concisa– al latín, el papel del silencio, las vestiduras sacerdotales, la arquitectura de las iglesias, las "nuevas" imágenes religiosas, la música y los cantos, y las malas traducciones. Veamos cada uno de estos factores:

- *la virtual desaparición del latín*: la "autofabricación litúrgica" de las últimas décadas se ha visto potenciada gracias a esta desaparición. No pasemos por alto la ignorancia de aquellos que creen que esta eliminación ha sido propuesta de manera explícita por el mismo Concilio Vaticano II (por el contrario, véase *Sacrosanctum Concilium* N°36, 54, 85-89; decreto *Optatam Totius*, N°13, donde se habla de la conveniencia de cultivar el uso de la lengua latina en la liturgia y en los estudios eclesiásticos). *Pero* (¡los terribles "pero" y "sin embargo" [*sed* y *tamen* en latín] de los documentos

---

4 *Discurso a los obispos suizos de visita* ad limina *en Roma*, 7-11-2006.

conciliares y de tantos documentos del magisterio de los últimos años que hacen estériles los mejores propósitos!) la misma Constitución sobre la Sagrada Liturgia da potestad a las autoridades diocesanas para realizar las debidas adaptaciones a la mentalidad y tradiciones de los pueblos por lo cual pueden autorizar el uso de la lengua vernácula discrecionalmente (por ejemplo, N°36, 3 y especialmente el N°37). También señalemos la superficialidad de quienes afirman que la gente "tiene que escuchar una lengua que entienda" y que no reparan en que el latín dejó de hablarse popularmente hace muchos siglos (alrededor del siglo VIII-IX) con la aparición de las lenguas romances. ¿Acaso hay que pensar que la Iglesia Católica no se había percatado de ello y que demoró nada menos que 11 siglos en corregirlo? El hecho de que todavía el latín es la lengua oficial de la Iglesia debería hacer reflexionar a aquellos que quisieran ver desterrada esta lengua definitivamente, sobre los motivos profundos que hicieron que se mantuviera como lengua litúrgica durante tanto tiempo y por qué la Iglesia obstaculizó todos los intentos de traducir el rito de la misa a las lenguas vernáculas, hasta la reforma de 1969.[5] La Iglesia tiene necesidad de una lengua que responda a su condición intemporal. Las verdades dogmáticas no cambian. ¿Qué mejor que una lengua que se mantiene fuera de las variaciones de las lenguas vivas para custodiarlas? A los reformadores litúrgicos no podía escapárseles lo mucho que la unidad de la lengua aporta a la unidad de un cuerpo colectivo. Más en esta época de globalización mediática y de grandes aglomeraciones de fieles. Además el latín preservaba, por un lado, de erróneas traducciones en la liturgia que, lamentablemente, se han verificado al traducir a casi todas las lenguas vernáculas, por ejemplo, del latín al italiano y de éste al español, o del latín al francés y de éste al español. Y por el otro, también nos ahorraba el disgusto de tener que escuchar oraciones inventadas agregadas al Ordinario en lengua vernácula por los mismos sacerdotes, haciendo éstos alardes de "creatividad" totalmente ilícitos.

---

5   Concilio de Trento, canon 9, Dz 956: "Si alguno dijere que el rito de la Iglesia Romana por el que parte del canon y las palabras de la consagración se pronuncian en voz baja, debe ser condenado; *o que solo debe celebrarse la Misa en lengua vulgar…sea anatema*". Condenación de los errores del Sínodo de Pistoya en la *Constitución Auctorem Fidei*, 28-8-1794, Pío VI: "[El deseo] que se quiten las causas por las que en parte se ha introducido el olvido de los principios que tocan al orden de la liturgia, *volviéndola a mayor sencillez de los ritos, exponiéndola en lengua vulgar y pronunciándola en voz alta*…es temeraria, ofensiva de los piadosos oídos, injuriosa contra la Iglesia y favorecedora de las injurias de los herejes contra ella".

Asombra la velocidad con que esta lengua bimilenaria fue reemplazada en el culto a partir de 1969. Como decía el arzobispo R. J. Dwyer de Portland, Oregon:

> "¿Quién soñó en ese día [cuando los Padres del Concilio votaron la *Constitución sobre la Liturgia*] que en unos años, menos de una década, el pasado latino de la Iglesia sería casi expurgado, y que se reduciría a una memoria que se marchita a mediano plazo? El pensamiento de ello nos habría horrorizado, pero parecía más allá del reino de lo posible por lo ridículo. Así que, entonces, nos reímos".

Y por cierto que tiene mucho de tragicómico el hecho de que los reformistas litúrgicos, los mismos que han cantado loas a la supuesta visión profética del papa Juan XXIII por su convocatoria a un concilio, son los que primero han olvidado (o simplemente ignorado) la Constitución *Veterum Sapientia* de este mismo papa del 22 de febrero de 1962 en donde se decían cosas como éstas (subrayados nuestros):

> "*La lengua de la Iglesia no solo debe ser universal sino también inmutable*. En efecto, si las verdades de la Iglesia se confiaran a algunas o a muchas lenguas modernas cambiantes, de las cuales ninguna tiene más autoridad que las otras, resultaría evidentemente tal variedad que el sentido de esas verdades no sería suficientemente claro ni suficientemente preciso para todo el mundo, y, además, ninguna lengua podría servir de regla común y estable para juzgar el sentido de las otras. En cambio el latín, que desde hace mucho está al abrigo de la evolución que el uso cotidiano introduce generalmente en el sentido de las palabras, debe ser considerado como fijo e inmutable, dado que los sentidos nuevos que han cobrado ciertas palabras latinas para responder a las necesidades del desarrollo, de la explicación y de la doctrina cristiana, hace ya mucho que se han estabilizado".[6]

• *la eliminación del silencio*: El misterio que es, por definición, inefable, con frecuencia se deja abordar mejor por el **silencio** que por la palabra. Por eso la liturgia, que usa y aprecia tanto la palabra, conoce y aprecia también el silencio dentro de la acción cultual. El silencio no consiste únicamente en el hecho de que uno deje de hablar. Es cierto que cuando cesa la palabra, comienza el silencio. Pero no comienza *porque* cesa la palabra. El silencio forma parte de la estructura esencial del hombre. Cuando entramos en el mundo de Dios, casi corresponde más callar que hablar. Hoy la palabra está alejada del silencio: nace del ruido y desaparece en el ruido. Y así la palabra pierde su sustancia. Esta tendencia ha penetrado también en

---

6   Como hemos indicado antes, las medidas que el papa Benedicto XVI (2005-2013) tomó en su momento parecieron tratar de desacelerar la inercia del proceso de desacralización que incluye la liquidación de la lengua sagrada en la Iglesia. Estas medidas perdieron gran parte de su eficacia con su sorpresiva abdicación en febrero de 2013.

la Iglesia. En ocasiones, puede verificarse la existencia de una liturgia que parece aborrecer el silencio. En cambio, el silencio sagrado destierra de nuestro apetito el deseo desordenado de hablar. Además, nos enseña que no hay motivo suficiente para que nos convirtamos en el centro de atención del momento, puesto que el hablar no tiene relación con una profundización de la significación del rito. Mediante el silencio y el aquietamiento de nuestras facultades y la repetición que caracteriza cada misa, se nos permite entrar mucho más perfectamente en los misterios sagrados. No hay que olvidar que la participación "activa" más importante es la interior (pero no "interior" en el sentido de la meditación subjetivista). En la misa, por ejemplo, la participación en la inmolación de Cristo Víctima. Recordemos también que la Santísima Virgen, al pie de la Cruz, tomó parte como nadie en ese sacrificio divino, y sin embargo no dijo palabra alguna.[7]

Pero hay que hacer una aclaración importante. No debe confundirse este silencio litúrgico, que es un silencio contemplativo –"ontológico" podríamos decir–, con el silencio intimista subjetivo, típico de ciertas aplicaciones de

---

7 Papas, santos y místicos han puesto de relieve esta *silenciosa* "participación activa" de la Virgen en la Pasión de Nuestro Señor Jesucristo, participación que implicó un grado de identidad espiritual y física con los dolores de su Hijo que ciertamente solo en el Cielo se podrá conocer en toda su dimensión. San Pío X afirmó en la encíclica *Ad diem illu*, 2-2-1904: "También entre María y Jesús hay perpetua sociedad de vida y de sufrimiento, que hace que se les pueda aplicar por igual la frase del Profeta: «Se ha gastado mi vida en dolor, y mis años en gemidos» (Ps 30, 11). Y cuando llegó para Jesús la hora suprema, se vio a la Virgen de pie junto a la cruz, horrorizada por el espectáculo; dichosa, sin embargo, porque «su Unigénito era ofrecido por la salvación del género humano, y *además tanto padeció con Él* que, si hubiera podido hubiera sufrido con más gusto Ella todos los tormentos que sufrió el Hijo» (San Buenaventura I, sent D.48)". El papa Pío XI enseñó: "La Virgen dolorosa *participó juntamente con Cristo* en la obra de la redención" (*Exporata Res*, 2-2-1923). Y la beata Ana Catalina Emmerich decía: "La Virgen Santísima, hallándose constantemente en comunicación espiritual con Jesús, *sabía todo lo que le sucedía, y sufría con Él*". (*Visiones de la vida de Jesucristo y de su Madre santísima - Pasión y Resurrección de Jesús*, N°9, Guadalupe-Ágape, Buenos Aires, 2004). Es común leer hoy obras de liturgistas heterodoxos que invitan a tener una actitud "festiva" durante la Misa, reforzando así su identidad con un "banquete", y a ocultar el aspecto sacrificial que la identifica con la Pasión de Cristo. Estas doctrinas han tenido consecuencias lamentables en la práctica y ya se han visto misas con espectáculos circenses, conjuntos de danza, suelta de globos, uso de títeres, payasos y los infaltables aplausos. Ni hablar del horror antilitúrgico y antipedagógico de las llamadas "misas con niños". Teniendo presente lo que dijimos arriba sobre la actitud de la Virgen podemos recordar aquí que cuando le preguntaron a san Pío de Pietrelcina cómo se debe participar de la Santa Misa, contestó: *"Igual que Nuestra Señora, san Juan y las mujeres piadosas lo hicieron en el Calvario, amándolo y compadeciéndose de Él."*. Y san Andrés Avellino solía conmoverse hasta las lágrimas cuando decía: *"No podemos separar la Sagrada Eucaristía de la Pasión"*.

la "devotio moderna".[8] Se trata de contemplar en silencio lo que ocurre delante de uno para "darse cuenta" de que *está ocurriendo precisamente eso*. Como bien se ha dicho: "No voy a la iglesia porque ahí se predica o porque se rece, voy porque *ahí sucede algo*". No se trata, por tanto, de apelar a momentos de silencio únicamente para "encontrarnos a nosotros mismos" o reflexionar la palabra escuchada (lo cual, obviamente, puede estar muy bien para los momentos de oración personal). Este tipo de silencio "instrospectivo" no solo no deja espacio para la captación del misterio que objetivamente está ocurriendo en el altar, sino que a menudo solo sirve para "seguir hablando con nosotros mismos".[9] En la IGMR, cuando se habla explícitamente del silencio, parece siempre referirse al silencio de tono intimista: "…Después de la invitación a orar, cada uno se recoge *en sí mismo*; pero terminada la lectura o la homilía, todos *meditan* brevemente *lo que escucharon*; y después de la Comunión, alaban a Dios *en su corazón* y *oran*." (IGMR, N°45). "Guardan un momento de silencio para hacerse conscientes de que están en la presencia de Dios y *puedan formular en su espíritu sus deseos*" (N°54). "La Liturgia de la Palabra se debe celebrar de tal manera *que favorezca la meditación*; por eso hay que evitar… cualquier forma de apresuramiento que impida *el recogimiento*. Además conviene que…haya breves momentos de silencio… gracias a los cuales, *se saboree la Palabra de Dios en los corazones*" (N°56).

En los hechos, la mayoría de las misas del rito nuevo "están llenas de ruido" y no hay silencio "contemplativo". Porque el hombre moderno, con su pedagogía racionalista "quiere entenderlo todo", "quiere que se le explique todo". Y por eso el rito "en voz alta" para que "todos escuchen todo". Y el parloteo incesante, agravado por la intervención permanente de los "guías de misa", los cuales –comprobación personal– a veces llegan a inter-

---

8   **Devotio moderna**: corriente espiritual que en la segunda mitad del siglo XIV brotó en los Países Bajos por obra principalmente de Gerardo Groote (1340-1384) y de su discípulo Florencio Redewijns (1350-1400). Sus características principales son las de un cristocentrismo práctico (Cristo, compendio de todas las virtudes), un reglamentarismo metódico para la oración, especialmente, la mental, cierta tendencia antiespeculativa y, por lo tanto, la prevalencia de lo afectivo y práctico basado en la Sagrada Escritura y los Santos Padres, afán de interioridad, individualismo, meditación más que contemplación. Algunos estudiosos sostienen que este tipo de espiritualidad avanzó en detrimento de lo cultual, lo simbólico y lo contemplativo de la liturgia.

9   En la perspectiva de una auténtica renovación litúrgica, como la llevada a cabo por dom Prosper Guéranguer y san Pío X, toda la acción litúrgica se orienta hacia la glorificación de Dios, hacia su adoración, y, por lo tanto, hacia el olvido de sí. En consecuencia, la participación activa de los fieles, que invocaron tanto san Pío X como Pío XII en la *Mediator Dei* (N°99-150), se inserta en esta orientación extática, quedando, por lo tanto, la finalidad didáctica subordinada a ese aspecto primario.

venir con su palabra en mayor medida que el mismo sacerdote. La mentalidad moderna exige esto por una sencilla razón: su hostilidad hacia lo cualitativo, ese odio "principista" que reina en el mundo moderno contra las legítimas desigualdades y diferencias. Tolera de mala manera que el sacerdote sea alguien "distinto" y que rece *secretamente* algunas oraciones y que, como hace por ejemplo en el rito tradicional, parte del Canon y las palabras de la consagración las pronuncie en un susurro casi inaudible.[10] Y por eso vemos cómo, en muchas parroquias, las personas (la mayoría de absoluta buena fe seguramente), desorientadas por la incitación permanente a una mal entendida "participación activa" (actuosa participatione) *quieren hacer los mismos gestos que hace el sacerdote en el altar* o rezar al unísono y en voz alta partes que sólo deben ser rezadas por el celebrante (¡incluidas las palabras de la consagración!). Para la mentalidad moderna protestantizante el sacerdote no debe tener ese privilegio y por ello debe ser solo "un presidente de la asamblea". Pero, contra lo que muchos creen, no ha sido primero el pueblo sencillo quien se ha prestado a esto. Muchos sacerdotes aparecen entre los primeros en promover esta insana participación igualitarista (p.ej. he visto cómo los aplausos han sido introducidos –como tantas otras novedades– de manera forzada: han sido primeros los sacerdotes "creativos" los que comienzan a aplaudir o invitan a hacerlo; y también es notoria la resistencia *inicial* que hay de parte de la gente a estas novedades). Pensemos también en cómo permiten los abusos diarios que se producen con los llamados *ministros extraordinarios de la comunión* (hombres y mujeres laicos) que, como su nombre claramente lo indica solo deben intervenir de

---

10 Que el Canon y las palabras de la Consagración se recen de esta manera en el rito tradicional es uno de los aspectos que más sorprenden al hombre de hoy. Sin embargo, incluso este hombre moderno tan incapacitado para la captación del misterio, por el "ruido interior" que lo invade, se da cuenta de que hay ocasiones en que la voz *fracasa*, en que hay algo muy íntimo que decir pero que no se quiere confiar a los demás; también cuando el misterio nos obliga a bajar interiormente los ojos, cuando pensamos en los que ya partieron, cuando callamos ante nuestras propias miserias o cuando, simplemente, por ejemplo, ante un paisaje de una belleza asombrosa, *quedamos sin habla* y decimos para nuestros adentros: "Para describir esto no hay palabras". Por eso, la Iglesia dispuso este silencio contemplativo a medida que se fue dando cuenta de que el milagro de la gracia que ocurre durante el canon corría el riesgo de trivializarse al pronunciarse en voz alta, como si las palabras sagradas que hacen real el milagro fueran parte de un vulgar discurso. *"Utilizar palabras habladas en el canon desafiaría esta divina realidad, parecería como si rebajásemos estas acciones al nivel de nuestra conversación. Debemos sentir en nuestro corazón y nuestra alma el acto que está realizándose, no oyendo con nuestros oídos las palabras que materializan la acción. Solamente el silencio puede penetrar este misterio, con nuestro espíritu elevándose sobre las acciones temporales del sacerdote, hacia la divina y eterna realidad del Sumo Sacerdote: nuestro Señor en la Cruz"*. (*La gloria del Canon en silencio*, por un sacerdote del Oratorio, 1-3-2007, www.latin-mass-society.org).

manera esporádica cuando, por ejemplo, la celebración litúrgica puede llegar a demorarse notablemente por falta de sacerdotes en el momento de la comunión de los fieles. Pues bien, todos sabemos que, en realidad, tendrían que ser llamados *ministros ordinarios* porque *intervienen siempre,* haya dos o doscientas personas para comulgar. Y cada vez aparecen con mayores atribuciones, que siempre fueron exclusivas del sacerdote, especialmente en lo referido al manejo de las sagradas formas y de los vasos sagrados.[11]

La mentalidad tradicional o antigua, en cambio, se distingue por una búsqueda constante de lo cualitativo y una conformidad total con la diversidad del universo. Es cierto que, en un estado normal, el espíritu humano no tolera las diferencias que implican una desarmonía, un exceso, un abuso o una torpeza y tiende a reaccionar contra ellas. Es, en cambio, capaz de sujetarse inconmoviblemente a las diferencias ordenadas y armónicas que responden *a un principio que se advierte superior y trascendente.*

La pretensión moderna de desdibujar del mundo lo cualitativo en aras de lo cuantitativo oculta, en el fondo, el deseo de borrar la imagen de Dios en el mundo. De ella provienen las constantes inclinaciones de lo moderno hacia la fealdad o, mejor dicho, hacia un concepto de la belleza cada vez más reducido y degradado por la supremacía incondicional de lo cuantitativo, lo utilitario, lo económico, lo técnico, lo práctico.

No se tenga duda de que, en definitiva, es la modernidad y la herejía modernista la que está detrás de todo este "proceso de autodemolición" (Paulo VI). El verdadero rostro inicuo de la modernidad solo podrá ser desenmascarado cuando lo percibamos como un proceso de demolición de todo orden tradicional en tanto que tradicional, vale decir, en tanto que

---

11 "Se debe cuidar que los «asistentes pastorales» no asuman aquello que propiamente pertenece al servicio de los ministros sagrados" (N° 149). "Si habitualmente hay número suficiente de ministros sagrados… no se pueden designar ministros extraordinarios de la sagrada Comunión. En tales circunstancias, los que han sido designados para este ministerio, **no lo ejerzan**. Repruébese la costumbre de aquellos sacerdotes que, a pesar de estar presentes en la celebración, se abstienen de distribuir la comunión, encomendando esta tarea a laicos". (N°157). "El ministro extraordinario de la sagrada Comunión podrá administrar la comunión *solamente* en ausencia del sacerdote o diácono, cuando el sacerdote está impedido por enfermedad, edad avanzada, o por otra verdadera causa, o cuando es tan grande el número de los fieles que se acercan a la comunión, que la celebración de la Misa se prolongaría demasiado. Pero esto debe entenderse de forma que *una breve prolongación* sería una causa absolutamente insuficiente, según la cultura y las costumbres propias del lugar" (158). (*Redemptionis Sacramentum*, 25-3-2004). [destacados nuestros] Se sabe bien que, en la práctica, por lo menos aquí en la Argentina, salvo rarísimas excepciones, estas advertencias de Roma son olímpicamente ignoradas.

vinculado "ab origine" con principios superiores de naturaleza no humana, venidos de Dios (Ramírez Arandigoyen).

- *las nuevas vestiduras sacerdotales:* Aquí no nos referimos solamente al ilícito uso de ropa común por parte del sacerdote en diferentes ámbitos, contra expresas indicaciones de las autoridades eclesiásticas romanas. Ni tampoco a la desaparición de la vestimenta *talar* (llamada así porque llegaba a los talones). Hablamos estrictamente de las vestiduras litúrgicas y de su sentido más profundo (más allá del simbolismo que se le puede atribuir a cada una de las piezas, vg. alba, amito, casulla, cíngulo, etc.). Las vestiduras litúrgicas –aunque, naturalmente, su forma específica no se pueda deducir de modo necesario de la realidad misma, sino que están más bien condicionadas por el tiempo–, expresan el hecho de que una persona durante un rato no actúa ni habla como un individuo concreto "x.x.", como dice su documento de identidad, sino que lo hace en nombre de Cristo. Por eso es algo mucho más serio que una falta de gusto o de estilo el que un sacerdote, como un individuo privado cualquiera, salude a la comunidad con el saludo social habitual (se sabe de sacerdotes que saludan primero a los fieles con un "Buen día, hermanos" y recién entonces comienzan el acto litúrgico, o no los despiden, tal como la Iglesia manda, sino que, desde el altar, los saludan con un "Que tengan un buen día"); o que él, sacerdote, se reúna después de la acción sagrada, *vestido aún con las vestiduras sagradas,* con los que están fuera, y hable con la gente sobre el tiempo o los sucesos del día. El filósofo Josef Pieper contaba la anécdota aleccionadora de un amigo que, habiendo estado minutos antes conversando normalmente con un cacique de una tribu de Nuevo México, en EE.UU., tan pronto como éste se puso las vestiduras ceremoniales para sus danzas, lo ignoró olímpicamente y de ningún modo pudo entablar una conversación corriente hasta que se las quitó al finalizar su acto sagrado. Esta pérdida de sentido de lo sagrado y su confusión con el ámbito profano se ve también reflejado en las casullas y estolas con las que celebran algunos sacerdotes que están adornadas con motivos puramente banales y que no tienen nada que ver con su función sagrada.

- *la arquitectura "funcionalista":* que desprecia la distinción entre lo sagrado y lo profano y tiende a reducir el templo a una especie de "sum" (*salón de usos múltiples*). Por eso no extraña encontrarse con iglesias construidas en las últimas décadas cuyas fachadas parecen hospitales, edificios de oficina, restaurantes o "boliches". Y otras que ni siquieran respetan el más mínimo criterio de belleza y a las que no les cabe otro calificativo que el de "feas". Más adelante haremos especial referencia a la posición del altar. Debemos recordar la verdad teológica de que el templo católico es:

a) *espacio sagrado que debe resguardar el Santísimo Sacramento del Altar, Jesucristo*, Templo Nuevo, cuyo cuerpo resucitado le permite estar verdadera, real y substancialmente presente en todos los lugares y en todos los siglos bajo las especies eucarísticas. De ahí también los claros simbolismos que debe respetar quien construya una iglesia: el altar en el que se sacrifica el Cordero de Dios, piedra sagrada y no mera mesa, las gradas por las que se sube al templo y las gradas por las que se sube al altar, la distinción entre el presbiterio y la nave central, las plantas en forma de cruz, las tres puertas, etc. Los episodios en los que el mismo Dios habla a los hombres en lugares altos u ocurren sucesos sobrenaturales son comunes tanto al Antiguo (p.ej. el Sinaí) como al Nuevo Testamento (p. ej. la Transfiguración). Romano Guardini reflexionaba así sobre el sentido de los escalones: *"Cuando subimos las gradas, asciende no solo el pie sino todo nuestro ser. También subimos espiritualmente. Y si lo hacemos con cuidado, en este caso presentimos un elevarse hacia aquello superior donde todo se mantiene grande y perfecto: hacia el Cielo, donde Dios habita"* (*Los signos sagrados*, Ediciones Librería Emmanuel, Buenos Aires, 1983, pág. 30).

b) *figura espacial y física que representa la Iglesia*, Templo espiritual y definitivo, no hecho por mano de hombre: la Iglesia, Cuerpo Místico de Cristo, punto de encuentro de Dios y los hombres, signo de la presencia divina en la Tierra.

c) *figura anticipatoria del Templo celestial, la Jerusalén celeste:* aquí abajo hay un templo, en el que los fieles tributan su culto a Dios; pero también allá arriba hay un templo en el que señorea el Cordero inmolado y en el que se celebra una liturgia de oración y de alabanza (Ap 5, 6-14; 7, 15). Ahora bien al final de los tiempos ya no existirá esta dualidad. Descenderá la Jerusalén celestial, "pero templo no vi en ella, pues el Señor, Dios todopoderoso, con el Cordero, era su templo" (Ap 21, 22). El templo será Dios mismo y los fieles lo alcanzarán y lo verán "cara a cara".

Si se tienen todas estas cosas en cuenta, es razonable el sentimiento de malestar que uno puede experimentar al entrar a lugares como la catedral de Brasilia. No solo por su planta circular que diluye la natural orientación del visitante hacia un punto culminante (la llamada orientación *teotrópica* que impide caer en el horizontalismo antropocéntrico) sino porque antes que nada uno ha sufrido el impacto tremendo de tener que entrar a la iglesia *descendiendo*. En efecto, aunque parezca increíble, la entrada a la catedral es una rampa (no hay escalones) descendente. Es decir se han eliminado las gradas que semejan el *ascenso* hacia "el nuevo Templo de Dios", hacia la "Montaña Santa", y el fiel se ve de esta manera constreñido a realizar un acto de culto –por decir así– antinatural, casi podría decirse "antisagrado", siendo conducido, de hecho, hacia un "lugar inferior" (locus inferus). Este tipo de construcciones, que no respetan las dimensiones esenciales de lo sacro, se transforman más en un obstáculo que en un instrumento para la percepción de lo divino. Esto –en el caso de la catedral de Brasilia– no debe extrañar. Fue diseñada por un famoso comunista ateo, el multipremiado Oscar Niemeyer. O, simplemente, compárese cualquier iglesia románica o gótica, o incluso las renacentistas, barrocas y neoclásicas, con los últimos, monumentales y –por decir lo menos– "insólitos" santuarios modernos, todos, sugestivamente, construidos con plantas circulares u ovaladas y que en su apariencia externa semejan "platos voladores" (como la nueva basílica de Guadalupe cuya forma, en realidad, pretende parecerse al típico sombrero mexicano), "shoppings" (como el santuario de San Pío de Pietrelcina, terminado en 2004 por el arquitecto Renzo Piano), o incluso "una cárcel de máxima seguridad" (como alguien ha definido al horroroso nuevo santuario de Fátima, diseñado por el arquitecto Alexandros Tombazis, terminado en mayo de 2007). Cualquier cosa parece que puede experimentarse menos construir una iglesia católica con planta en cruz. Hay un abismo (no solo estético sino también teológico) entre las desnudas y blancas paredes de, por ejemplo, la iglesia de Tor Tre Teste en Roma (año 2000) del famoso arquitecto judío americano Richard Meier y los más de 6.000 metros cuadrados de mosaicos que revisten la catedral de Monreale, en Sicilia –obra maestra del arte normando del siglo XII– con las historias del Antiguo y del Nuevo Testamento, los ángeles y los santos, los profetas y los apóstoles, los obispos y los reyes, y el Cristo "Pantocrátor", que desde el ábside envuelve al pueblo cristiano con su luz, su mirada y su potencia. Parafraseando a Josef Pieper en *¿Qué significa "sagrado"?* (Ediciones Rialp, Madrid, 1990) podemos estar seguros de que quienes encargaron el trabajo a Niemeyer y a los demás parecen creer que lo que es esencialmente un templo *católico* se aprende en cualquier escuela de Arquitectura y no en la Facultad de Teología.

- *el nuevo arte de las imágenes* con sus figuras "insólitas" o el intento de su supresión lisa y llana. En la confección de estas **imágenes** debe evitarse con un prudente equilibrio el excesivo realismo, por una parte, y el exagerado simbolismo, por otra. Se deben tener en cuenta las exigencias de la fe católica más bien que el juicio y gusto personal de los artistas. Por lo tanto el *arte sagrado debe hallarse en dependencia absoluta de las verdades de la fe*. Y si esas obras no las expresan claramente no deben ser introducidas en las iglesias. La imagen "insólita" no debe ser incluida en el templo.[12] Hay crucifijos cuyo nivel de abstracción simbólica deja perplejo al fiel en vez de incitar a su veneración (los llamados "cristos ET" porque se parecen a las imágenes de extraterrestres "alargados" popularizadas por el cine). Con perspicacia teológica el papa Pío XII advertía en la encíclica *Mediator Dei* sobre cómo ciertas imágenes de Cristo crucificado podían inducir a errores en la fe al presentar su Cuerpo sin las señales manifiestas de los acerbísimos dolores que padeció (N°80). Y cómo por seguir teorías teológicas erróneas "algunos llegan hasta el punto de querer retirar de las iglesias las imágenes del Divino Redentor que sufre en la cruz" (N°202), con el pretexto de que "sólo se debe celebrar al Señor Resucitado". Otra forma de atentar contra este aspecto de la liturgia son las corrientes que, fundadas en los desvaríos de pseudoteólogos "anicónicos" tienden a barrer con todas las imágenes, dejando a las iglesias totalmente despojadas, al estilo de templos protestantes, sinagogas o mezquitas. Es cierto que hay imágenes de mal gusto, de un sentimentalismo lánguido y poco viril,[13] pero aquí no se habla de cambiar esas imágenes por otras mejores, sino simplemente de eliminar la imagen cultual. Y esta pretensión iconoclasta tiene varios puntos de contacto con el proceso de "protestantización" del que hablamos. Primero: la coincidencia de este rechazo a las imágenes con las posturas que acusan de idolatría a los católicos (por su interpretación literalista de la Biblia, la "sola Scriptura"). Segun-

---

12 En esta época en que las verdades de la fe se ven amenazadas por todas partes, la Iglesia debe redoblar sus esfuerzos para detectar las deformaciones doctrinales que pueden encontrarse implicadas en algunas obras de arte destinadas para el uso litúrgico, sea cual fuere, por otra parte, su valor estético y las emociones saludables que puedan suscitar aquí o allá, y sea cual fuere la piedad, la fe, la profundidad de vida espiritual, la rectitud de intención del artista que las ha producido.

13 "Muestra decadente de esta inclinación sentimental es el llamado **arte sulpiciano**, cuyas estatuas y cuadros llenan nuestras iglesias. Es un **ersatz** (algo no genuino y pobre imitación de algo mejor) de arte, con productos hechos en serie, sometidos a los cánones del comercio y del negocio" (Alfredo Sáenz, *El icono, esplendor de lo sagrado*, Gladius, Buenos Aires, 1991, pág. 450). Dice Hans Sedlmayr que el elemento sentimental, impuesto de una manera absoluta, en el término de su carrera desemboca en la cursilería "pura".

do: el rechazo, especialmente de las imágenes de la Santísima Virgen María y de los santos por sostener que no hay otra intermediación –ni siquiera subordinada– entre Dios y los hombres que la de Cristo, (el "solus Christus" protestante). Tercero: por el rechazo de la visibilidad de la Iglesia y su reemplazo por "la Iglesia invisible, espiritual y del amor" (la "Ecclesia invisibilis"). Cuarto: por el subjetivismo "intimista" protestante, que no permite el contacto con una fe objetiva sino con la fe subjetiva fruto del "libre examen". Todo esto tiene su lógica en la actitud herética: se trata tanto del rechazo de la visibilidad de la Iglesia como del valor salvífico que vehicula la materia de los sacramentos, fundada en la actitud soberbia del hombre que quiere entenderse directamente con Dios sin pasar por la "humilde" mediación de lo visible.

Lo dice brillantemente Pietro De Marco, criticando la pureza anicónica, privada de imágenes, de los interiores de las iglesias contemporáneas:

> "Inmersa, en cambio, en la blancura sin imágenes el alma no sale verdaderamente de sí, a no ser en la eventual forma de una quietud de saturación estática, peligrosamente al límite de la ausencia de religión. Estas paredes que parecen vehículo de transcendencia, ilusoriamente próximas al Dios que no se puede describir, son más bien impenetrables a la transcendencia justamente porque están vacías y privadas de formas. Al Dios de las grandes «fes» nos aproximamos sólo recorriendo las huellas, los signos, los saberes que nos han sido revelados y dados, y sin los cuales la fe se extravía" (*Una iglesia habitable por la Civitas Dei*).

- *el empobrecimiento de los materiales* con los que se confeccionan los vasos sagrados (¡incluido el plástico!).
- *la desaparición del gregoriano* y la inclusión de ritmos propios de la canción popular comercial y de la música de baile.
- *los instrumentos* (inadecuados para la música sacra), entre los que no se ahorra la presencia de los propios del "rock" o el "tango".
- *las letras de los cantos* (heréticas algunas, ñoñas, pueriles y sensibleras la mayoría);[14]

---

14 Con la **música** se ha producido una desacralización sobre todo en las melodías. Se entonan en la liturgia cantos propios de otros ambientes, de la radio o la televisión: música ligera, bailable, hasta rock y tango. En cuanto a las letras se han trivializado eliminando especialmente aquellas que hablan de los misterios más profundos del cristianismo y de las postrimerías (Santísima Trinidad, Encarnación, Redención, muerte, infierno, purgatorio, cielo, parusía, fin del mundo). Hay letras horizontalistas, que insisten de manera desequilibrada en el amor al otro, en un tono filantrópico humanitarista más que de caridad sobrenatural. El P. Enrique Lombardi enumeraba "diez pecados contra la música sagrada": 1) no leer ni estudiar los documentos pontificios que se refieren a la música sagrada; 2) ignorar el arte musical; 3) no aceptar la distinción entre música sagrada y

- *las malas traducciones* (que indicaremos en detalle más adelante). Cuesta entender que "expertos" traductores hayan cometido los errores de bulto que se han verificado en todas las lenguas vernáculas. Para no aburrir al lector me limito a afirmar que casi todos estos errores tienen un claro objetivo: evitar herir las creencias protestantes. Como dice Christopher Monckton:

> "Los errores muestran un motivo común que revela las intenciones de los traductores. Ese motivo es la *dilución* o apartamiento de alusiones y referencias a esas doctrinas de la Misa que son específica y peculiarmente católicas... La minuciosidad y determinación con que se han eliminado esas enseñanzas que distinguen las creencias católicas de las de otros cristianos se demuestran por muchas omisiones menores que se repiten a menudo".

En definitiva, si toda la crisis litúrgica de hace décadas se redujera a una serie de "abusos y malentendidos", ¿seríamos testigos de la batería de documentos que ha publicado la Santa Sede tratando de encauzar –por cierto, con pobrísimo resultado– el caos litúrgico de las últimas décadas?[15] ¿Habríamos escuchado a un Klaus Gamber decir que "contemplamos aho-

---

música profana; 4) no aceptar la distinción entre instrumentos "aptos" y los "no aptos" o de uso "profano"; 5) no aceptar la preferencia del órgano y el armonio descartando los instrumentos de uso profano como: baterías, piano, acordeón, bandoneón y guitarra; 6) introducir cantos con letras ambiguas y sentimentales con ritos bailables; 7) no diferenciar el templo como Casa de Dios, de una sala cualquiera, y admitir recitales de música profana; 8) querer a toda costa apartar, sobre todo de la Santa Misa, el canto gregoriano, la lengua latina y el canto polifónico de la Schola Cantorum; 9) no aceptar la Tradición secular en materia de música sagrada; 10) no aceptar que la Iglesia tiene derecho a señalar en orden de preferencia los géneros de música sagrada que son: primero, el canto gregoriano; segundo, el canto polifónico; y, en último lugar, el canto religioso popular (P. Lombardi, *La música sagrada*, Ediciones Cruzamante, Buenos Aires, 1984).

15 Se pueden destacar los siguientes documentos de los últimos años: la encíclica del papa Juan Pablo II *Ecclesia de Eucharistia* (17-4-2003), la Instrucción *Redemptionis Sacramentum* de la Congregación para el Culto Divino y los Sacramentos (25-3-2004); la Declaración de la Congregación para el Culto Divino y los Sacramentos sobre el "por todos" y el "por muchos" de la consagración (17-10-2006), y la Exhortación Apostólica Postsinodal *Sacramentum caritatis* del papa Benedicto XVI (22-2-2007), además, por supuesto, del Motu Proprio *Summorum Pontificium* (7-7-2007). El que estos intentos de Roma para poner algo de orden en la liturgia no tengan los resultados esperados pueden deberse a múltiples factores. Señalemos aquí por lo menos tres que consideramos esenciales: 1) la notoria resistencia que generan en las Conferencias Episcopales de varios países, 2) el aspecto meramente exhortativo de muchos de sus pasajes sin disposiciones punitivas en caso de incumplimiento, o, si existen tales disposiciones, casi siempre están enervadas en su aplicación al ser acompañadas de la correspondiente excepción fundada en vagas e imprecisas "necesidades pastorales" y 3) las perplejidades que causan los mismos textos al sostener, junto a doctrinas ortodoxas, posiciones teológicas que debilitan una restauración del sentido tradicional de la liturgia como, por ejemplo, la *Teología del Misterio Pascual* en la encíclica Ecclesia de Eucharistia.

ra a nuestros pies *las ruinas...* de la antigua y tradicional *Missa Romana*? ¿Leeríamos, acaso, al entonces cardenal Ratzinger diciendo que la virtual prohibición del rito anterior "comportó una *ruptura* en la historia de la liturgia cuyas consecuencias solo podían ser trágicas"? Si la reforma litúrgica de Paulo VI hubiera estado en perfecta continuidad con toda la Tradición, ¿también habríamos escuchado al ya fallecido P. Louis Bouyer,[16] un converso del luteranismo y que inicialmente apoyó la reforma, decir que "la liturgia católica ha sido *derrocada* bajo el pretexto de hacerla más compatible con la perspectiva contemporánea? Y eso que no incluimos el listado de todas las novedades que ha habido en otros aspectos litúrgicos, como los ritos de los otros sacramentos, en el ritual de las exequias, en el Oficio Divino, y en el mismo Calendario Romano. Si se leen los testimonios que más adelante incluiremos sobre esta "deriva protestantizante" es imposible negar la legitimidad de los reclamos para que el culto católico sea restaurado en la plenitud de su verdad, profundidad teológica, y belleza.

> "En esta situación tan crítica se destruye lo que constituía el corazón de la Iglesia, la Liturgia romana con más de mil años de antigüedad. (...) Liturgia y fe marchan a la par. Esta es la razón por la que **se ha creado un nuevo rito que se corresponde ampliamente con las tendencias de la nueva teología (modernista)**. Como hasta ahora la liturgia respiraba en todo el espíritu de las verdades de fe tradicionales y el de la devoción antigua, no podía subsistir bajo la forma que tenía. (...) Aquí está verdaderamente la destrucción de la antigua misa, del rito romano de más de mil años de antigüedad, la destrucción de todo el universo de fe, de la que formaba parte y que fue en el transcurso de los siglos, fuente de piedad y de valentía para confesar la fe. ¿Se podrá decir algún día lo mismo de la «nueva misa»? Una cuestión atormenta a numerosos fieles católicos: ¿qué se puede hacer hoy contra el abandono de la fe y la destrucción de la liturgia? (...) Un camino posible sería tomar como punto de partida de una reforma limitada del antiguo rito romano la Constitución sobre la Liturgia del Concilio Vaticano II, tal como la entendieron la mayoría de los Padres conciliares, sin que esto implique la destrucción del rito. Pero, a condición de que los responsables de la Iglesia recuerden la «sana doctrina» (II Tim 4, 3) y que todos los profesores de teología se refieran a ella" (K. Gamber, op.cit., pág. 52-55).

Subestimar este problema hará imposible no solo restaurar la liturgia católica sino también resolver la profunda crisis de identidad en que está inmersa el sacerdocio católico. Esa "nueva teología" que está en el corazón de la reforma litúrgica ha traído consecuencias nefastas en lo que se refiere al sacramento del Orden. *No se puede tocar el sacrificio de la Misa y a su finalidad propiciatoria, sin hacer tambalear al sacerdocio,*

---

16 P. Louis Bouyer, *Religeux et Clerics contra Dieu*, París, 1975.

"pues todo pontífice tomado de entre los hombres a favor de los hombres es instituido para las cosas que miran a Dios, para ofrecer ofrendas y sacrificios por los pecados, para que pueda compadecerse de los ignorantes y extraviados, por cuanto él está también rodeado de flaqueza y, a causa de ella, debe por sí mismo ofrecer sacrificios por los pecados, igual que por el pueblo" (Heb 5, 1-3).

Parte II

Introducción
al Estudio Comparativo

"Yo creo que el culto divino, tal como lo regulan la liturgia, el ceremonial, los ritos y los preceptos de la Iglesia romana, sufrirá próximamente en un Concilio ecuménico una transformación que, al mismo tiempo que le devolverá la venerable sencillez de la edad de oro apostólica, la pondrá en armonía con el estado nuevo de la conciencia y de la civilización moderna"

Canónigo Roca (1830-1893),
sacerdote y ocultista apóstata excomulgado,
L'abbé Gabriel, 1884

I

EL PUNTO 7 DE LA IGMR, EL CONCILIO VATICANO II Y LA DERIVA PROTESTANTIZANTE

El afán de acercamiento con las "iglesias" protestantes, contaminado por un "falso ecumenismo" (condenado ya por el ex Santo Oficio en su Instructio de motione œcumenica del 20 de diciembre de 1949)[17] ha sido uno de los fines principales que ha orientado a la reforma de la Liturgia del Santo Sacrificio de la Misa. El N° 7 de la "Instrucción General del Misal Romano" (IGMR) en su redacción primitiva [ahora en la edición revisada de 2002 es el N° 27] da el fundamento sobre el que se ha erigido el Novus Ordo Missæ:

> "La Cena del Señor, o la Misa, es la sagrada sinaxis [reunión, comunidad religiosa] o asamblea del pueblo de Dios, con un sacerdote presidiendo, para celebrar el memorial del Señor. Por esta razón la promesa de Cristo se aplica supremamente a la congregación local de la Iglesia: 'Donde dos o tres se reúnen en mi nombre, yo estoy en medio de ellos' (Mt 1, 20)".

---

17 En ese documento, el Santo Oficio exponía la recta doctrina sobre el ecumenismo: 1) La Iglesia Católica posee la plenitud de Cristo y no tiene que perfeccionarla por obra de otras confesiones. 2) No se debe perseguir la unión por medio de una progresiva asimilación de las diversas confesiones de fe ni mediante una acomodación del dogma católico a otro dogma. 3) La única verdadera unidad de las Iglesias puede hacerse solamente con el retorno (*per reditum*) de los hermanos separados a la verdadera Iglesia de Dios. 4) Los separados que retornan a la Iglesia católica no pierden nada de sustancial de cuanto pertenece a su particular profesión, sino que más bien lo reencuentran idéntico en una dimensión completa y perfecta. Y en cuanto a las características que debe tener un diálogo verdaderamente fructífero, léanse estas precisas reflexiones de Romano Amerio (1905-1997): *primero*, el auténtico diálogo católico no puede tener una función puramente eurística: como si la Iglesia dialogante no poseyese la verdad, sino que la buscase; o como si dialogando pudiese prescindirse de la posesión de la verdad; *segundo*, porque ese falso diálogo no reconoce la posición superior de la verdad revelada: como si hubiese desaparecido la distinción entre naturaleza y Revelación; *tercero*, porque supone paridad entre los dialogantes: como si prescindir de la ventaja de la fe divina, incluso solo por ficción dialéctica, no fuese un pecado contra la fe; *cuarto*, porque postula que todas las opiniones de la filosofía humana son indefinidamente disputables: como si no existiesen sin embargo puntos de contradicción esenciales que truncan el diálogo y dejan solamente la posibilidad de la refutación; *quinto*, porque supone que el diálogo es siempre fructuoso: como si no existiese un diálogo corruptor que suplanta la verdad e implanta el error (*Iota unum*, Salamanca, 1994).

En la Misa Tradicional es claramente sólo el sacerdote quien celebra; independientemente de si una asamblea está presente o no. En la definición anterior, sin embargo, la frase "con un sacerdote presidiendo" *no es de ningún modo esencial a lo que ocurre*. Lo único que uno tiene que hacer es omitir esta frase para ver que la acción del rito se realiza por "la asamblea o congregación del pueblo de Dios reunido". Comprobémoslo:

"La Cena del Señor, o la Misa, es la sagrada sinaxis [reunión, comunidad religiosa] o asamblea del pueblo de Dios…para celebrar el memorial del Señor".

Otras frases de la Instrucción General refuerzan tal interpretación. Por ejemplo, el N°62 [ahora, en la edición revisada de 2002, es el N°95] declara:

"En la celebración de la Misa, los fieles hacen presente la nación santa, el pueblo adquirido y el sacerdocio real, para dar gracias a Dios y para ofrecer la víctima inmaculada, no solo por manos del sacerdote, sino juntamente con él…".

Y el asunto se recalca continuamente dentro del propio Rito nuevo por el uso insistente de "nosotros" en todas las oraciones. En cambio, en la Misa Tradicional, el sacerdote usa "yo" para referirse a "quién" es el que ofrece la Misa.

El concepto de sacerdote "que preside", a pesar del hecho de que se encuentra en san Justino, es una innovación. Sin duda, porque podría dar pie a falsas interpretaciones, nunca apareció en definiciones doctrinales para referirse a la función del sacerdote en el Sacrificio. En efecto, "presidir" (del latín *praesidere*, prae = antes, sedere= sentarse) una acción de ninguna manera significa llevar a cabo la acción personalmente. El Diccionario de la Real Academia habla en su primera acepción de "tener el primer lugar en una asamblea". Pensemos qué satisfactorio es el uso de este término para aquellos que pretenden hablar del sacerdote como un "presidente" y aplicar los principios igualitaristas y de soberanía popular de las democracias modernas a la constitución jerárquica de la Iglesia y rechazan enfáticamente cualquier insinuación sobre el origen divino del poder sacerdotal. La postura protestante considera al "ministro", no como llamado (por medio de una llamada divina, la "vocación") por Dios, sino como una persona escogida por la congregación.

La Misa católica queda asimilada a "la Cena del Señor" y aunque la frase puede encontrarse en la Escritura (I Cor 11, 20), no está en ninguna parte de la tradición teológica católica. De hecho, la frase "Cena del Señor" fue usada específicamente por los protestantes del siglo XVI para distinguir sus servicios de la Misa católica.[18]

El oscurecimiento de la Presencia real se hace patente en la declaración de que "la promesa de Cristo se aplica supremamente a la congregación local...: 'Donde dos o tres se reúnen en Mi nombre, yo estoy en medio de ellos'. Si se acepta esto sin distinción alguna [que es como aparece en la definición de la Instrucción General], Cristo no está más presente en la Nueva Misa de Pablo VI que lo está cuando un padre reúne a sus hijos para las oraciones vespertinas.

Con razón muchos quedaron estupefactos y horrorizados por esta definición. El Breve Examen Crítico del N.O.M. decía con contundencia:

> "Pero todo esto [se refiere al N°7] ni implica *la presencia real*, ni *la verdad del Sacrificio*, ni la *sacramentalidad del sacerdote consagrante*, ni el *valor intrínseco del Sacrificio eucarístico*, el cual no depende en absoluto de la presencia de la asamblea. En una palabra, esta Cena no implica ninguno de aquellos 'valores dogmáticos' esenciales de la Misa, que constituyen su verdadera definición." (pto. 2, § 2)

En un intento por minimizar las críticas, se publicó una segunda versión de la Instrucción General, en 1970. Sus responsables, bajo la mirada del papa Paulo VI, tuvieron la audacia de declarar que repasando la versión original, ellos "no encontraron ningún error doctrinal". Debe precisarse que no se realizó ningún cambio en el Rito mismo.

El N° 7 [que como ya indicamos ahora es el N°27 de la versión revisada de 2002] quedó de esta manera:

> "En la Misa o Cena del Señor, el pueblo de Dios es convocado y reunido, bajo la presidencia del sacerdote, quien obra en la persona de Cristo (in persona Christi) para celebrar el memorial del Señor o sacrificio eucarístico. De manera que para esta reunión local de la santa Iglesia vale eminentemente la promesa de Cristo:

---

18 Es interesante verificar que en las Actas del Concilio de Trento no se encuentra ni una sola vez la expresión "cena" igualada con el sacramento de la Eucaristía ni con el Sacrificio de la Misa. En las cuatro oportunidades en que aparece esta palabra (una en la Sesión XIII, dos en la Sesión XXI y una en la Sesión XXII) se refiere unívocamente a la "Última Cena" como *el momento* en el cual Nuestro Señor Jesucristo *instituyó* el Sacramento y *dejó* "a su amada esposa la Iglesia un sacrificio visible, según requiere la condición de los hombres, en el que se representase el sacrificio cruento que por una vez se había de hacer en la cruz...". No se puede decir lo mismo de los documentos del Concilio Vaticano II en donde aparece esa identidad en ocho oportunidades: como "Cena del Señor" cinco veces (LG 26, §1; SC 6, §1; 10, §1; 57, §2; UR 22, §3); como "Santa Cena" una vez (UR 22, §3, aquí se refiere a cómo llaman los protestantes al misterio eucarístico); como "Cena de la comunión fraterna" una vez (GS 38, §3); y como "Cena Eucarística" una vez (AA 8, §3). En la IGMR en dos oportunidades se identifica la Santa Misa con la expresión "Cena del Señor" (N° 17 y 27, versión revisada 2002).

'Donde dos o tres están reunidos en mi nombre, allí estoy yo en medio de ellos' (Mt 18, 20). Pues en la celebración de la Misa en la que se perpetúa el sacrificio de la Cruz, Cristo está realmente presente en la misma asamblea congregada en su nombre, en la persona del ministro, en su palabra y, más aún, substancialmente y continuamente bajo las especies eucarísticas" (et quidem substantialiter et continenter sub speciebus eucharisticis).

Una lectura cuidadosa de esta definición modificada muestra que sus autores eran exactos cuando dijeron que "ninguna innovación fue introducida" en la segunda versión y que "las enmiendas eran pocas en número, a veces de pequeña importancia, o concerniendo solo al estilo". En efecto:

• A pesar de la "corrección" se continúa asimilando la misa (sacrificio de la cruz) a la cena (comida).

• Se ha agregado que el sacerdote está "actuando en la persona de Cristo". Pero no se explicita la función sacrificadora que realiza "in persona Christi". Además, como en la primera versión, la frase entera puede omitirse sin destruir el sentido de la definición.

• También se agregan las palabras "sacrificio eucarístico" pero la definición corregida habla de "memorial del Señor *o* sacrificio eucarístico". El texto no dice "y" sino "o" lo cual claramente implica una vez más que el sacrificio eucarístico no es diferente de una memoria de la Cena, que es como los protestantes lo entienden. Además, el término "Eucaristía" sabemos que significa "acción de gracias", y esta ambigüedad entre el memorial y el sacrificio hace posible poner la definición entera de acuerdo con la teología protestante, según la cual el "sacrificio" es solo "de alabanza y acción de gracias" y nunca de *propiciación* (sacrificio de reparación) o *inmolación* (sacrificio de una víctima).

• Otra vez se parte de la reunión. De nuevo es la comunidad la que celebra el memorial y a esa asamblea colectiva se remite la segunda frase (presencia espiritual) que se mantiene. Que esto no es una malinterpretación nuestra lo demuestra el hecho de que los mismos promotores de la Instrucción General han afirmado que "la misa no es un acto del sacerdote con quien el pueblo se une, como se explicaba [antes]. La Eucaristía es, más bien, *un acto del pueblo*, a quien los ministros sirven haciendo al Salvador presente sacramentalmente…" (P. Martín Patino).

• La tercera frase es ambigua: se afirma la Presencia real de Cristo en la comunidad, en la presidencia, en la palabra, en el pan y en el vino de manera substancial pero no de transubstanciación; hay protestantes –

siguiendo a Lutero– que admiten que Cristo se manifiesta realmente junto a las sustancias del pan y del vino, la llamada *consubstanciación*.[19]

• Igualmente es ambigua la frase "el sacrificio de Cristo es perpetuado"; eso no quiere decir que se renueva o actualiza; los protestantes admiten que el sacrificio-memorial sea perpetuado.

• La expresión "más aún" (*quidem*) del final no pretende establecer una distinción esencial entre la presencia "substancial" y "continua" en las especies eucarísticas y los otros tres modos de presencia de Cristo mencionadas ("en la misma asamblea congregada en su nombre", "en la persona del ministro" y "en su palabra"). Se trata de una forma adverbial que es utilizada en este caso para *insistir en una afirmación*. De las cuatro traducciones que hemos consultado, la más cercana al sentido tradicional es ésta que pusimos, otra tradujo "ciertamente", otra "con toda verdad" en el sentido de "sin duda" y la última ni siquiera consideró pertinente incluir el adverbio.

¡Y téngase en cuenta que todas estas observaciones son referidas a un solo punto de una Instrucción General que ahora en su versión 2002 tiene 399 números y 166 notas!

En otros pasajes de la IGMR puede verse esa tendencia protestantizante, cuya existencia es irrefutable a la vista de los testimonios de personas calificadas y el análisis comparativo de los dos ritos. En la versión revisada de 2002 se ha intentado tibiamente una referencia a la doctrina tradicional en los N° 2 y 3 del Proemio. Pero un estudio exhaustivo demostraría que eso no cambia la orientación general del documento.

Por otra parte, no debería extrañar encontrarnos con estas ambigüedades en un documento que pretendió ser la expresión genuina de la voluntad de los Padres conciliares.

En realidad, algo que ha sido puesto en evidencia por los estudiosos es que el famoso N° 7 de la IGMR encuentra sus fundamentos en algunas de las afirmaciones de la misma Constitución para la Sagrada Liturgia del Concilio Vaticano II, *Sacrosanctum Concilium* [SC]. Véamoslo: poca gente

---

19 Lutero afirmó: "Sostenemos que el pan y el vino en la Santa Cena es el verdadero Cuerpo y la verdadera Sangre de Cristo… (…) En cuanto a la transubstanciación, despreciamos las agudezas de la sofistería que enseñan que el pan y el vino abandonan o pierden su esencia natural, no quedando sino solo la forma y el color del pan y no pan verdadero. Pues lo que está mejor de acuerdo con la Escritura es que **el pan está presente y permanece**…". (*Artículos de Esmalcalda*, 1537, Acerca del Sacramento del Altar, pto. 1 y 5, destacados nuestros).

sabe que –de manera sorprendente– ¡no se encuentra una definición precisa del Santo Sacrificio de la Misa en ese documento conciliar!

En efecto, en primer lugar se adopta la oscura noción de "misterio pascual", término que la SC menciona ocho veces, con su trilogía pasión-resurrección-ascensión lo que puede dar a entender que la eficacia salvífica de Cristo se deriva por igual de esos actos. El Concilio afirma:

> "Cristo la realizó [esta obra de la redención humana y de la perfecta glorificación de Dios] principalmente por el misterio pascual de su bienaventurada pasión, resurrección de entre los muertos y gloriosa ascensión" (N°5, §2)

Además el Concilio identifica la misa con el misterio pascual puesto que escribe:

> "Desde entonces la Iglesia nunca ha dejado de reunirse para celebrar el misterio pascual..." (N° 6, §1). "La Iglesia... celebra el misterio pascual cada ocho días..." (N°106).

Se trata de una noción flotante, indeterminada, que permite referirse al significado de la redención y de la misa, sin mencionar la naturaleza sacrificial expiatoria de esta última, y poniendo el acento en la resurrección y ascensión, en el Cristo glorioso, contra lo que ya advertía Pío XII en la Mediator Dei (destacados nuestros):

> "De cuanto ha sido expuesto, aparece claramente, Venerables Hermanos, lo alejados que están del verdadero y genuino concepto de la liturgia aquellos escritores modernos que, engañados por una pretendida disciplina mística superior, *se atreven a afirmar que no debemos concentrarnos sobre el Cristo histórico, sino sobre el Cristo 'neumático y glorificado', y no vacilan en afirmar que en la piedad de los fieles se ha verificado un cambio, por el cual Cristo ha sido casi destronado con la ocultación del Cristo glorificado que vive y reina por los siglos de los siglos y está sentado a la diestra del Padre, mientras que en su lugar se ha introducido al Cristo de la vida terrenal.* Por esto algunos llegan hasta el punto de querer retirar de las iglesias las imágenes del Divino Redentor que sufre en la Cruz. (202) (...) Y así como **sus acerbos dolores constituyen el misterio principal de que proviene nuestra salvación**, está conforme con las exigencias de la fe católica el destacar esto todo lo posible, **porque esto es como el centro del culto divino, siendo el sacrificio eucarístico su cotidiana representación y renovación y estando todos los sacramentos unidos con estrechísimos vínculos a la Cruz.** (204)

Poner tanto el acento en la Resurrección y Ascensión hace casi imposible "colocarse en alma y cuerpo frente al Calvario" (cfr. nota al pie 7 pág. 27). No debe sorprender, entonces, lo que ya hemos mencionado anteriormente respecto a la insistencia de los nuevos liturgistas en presentar la celebración eucarística (el término "santa misa" lo excluyen sistemáticamente) como una *fiesta,* con los estados anímicos, y las actitudes corporales que esto conlleva, lo que dificulta reconocer –por un especie de "bloqueo psicológico" por así decir– en definitiva, la presencia real, verdadera y substancial, de una Víctima inmolada. O para decirlo más fácil con un ejemplo: aunque la Virgen supiera por su fe inconmovible que la Cruz representaba el triunfo total de su Hijo y la Redención del mundo, ¿acaso alguien por un segundo se la imagina en el Calvario de una manera diferente a la de una "Madre dolorosa"? Insistamos: los santos y místicos de todos los tiempos nos advierten que la manera más adecuada de presencia en el Santo Sacrificio de la Misa es la de participar "como si estuviéramos en el mismo Calvario".

> "Ve a la iglesia como si fueses al Calvario, y permanece en presencia de los altares como si estuvieses delante del trono de Dios y acompañado de los santos Ángeles. Considera ahora cuáles deben ser tu modestia, tu atención y respeto, si quieres recoger de los misterios divinos los frutos y beneficios que Dios se digna conceder a los que asisten a ellos con un exterior devoto y sentimientos religiosos" (San Leonardo de Porto-Maurizio, *El tesoro escondido de la Santa Misa*, Iction, Buenos Aires, 1980, pág. 73-74).

Se debe entender que es la persona *entera* la que rinde culto, la que hace actos de fe, la que adora y alaba, la que suplica, la que expía, la que agradece. Y todo esto exige una coherencia entre el interior y el exterior del hombre. En función de la unión substancial de cuerpo y alma, la profunda interpenetración de estos principios metafísicos constitutivos del hombre produce un intercambio psicofísico que es notoriamente sensible a cualquier tipo de disociación que se produzca. Por eso, es lógico pensar en la dificultad que pueden llegar a tener los fieles para captar el tremendo misterio que está ocurriendo en el altar por manos del sacerdote si se les está permanentemente invitando a celebrar festivamente el Cristo "neumático y glorificado" y no el Cristo inmolado en el Calvario. Será muy difícil "ponerse en presencia del Padre y de su Hijo como Víctima de propiciación", si todo el entorno no ayuda.

Si quisiéramos encontrar una "especie" de definición de la misa en el documento conciliar, podríamos referirnos al N°47 que, bajo el título de "El sacrosanto misterio de la Eucaristía" (no "de la misa") dice:

> "Nuestro Salvador…instituyó el sacrificio eucarístico de su cuerpo y sangre, con el cual iba a perpetuar por los siglos, hasta su vuelta, el sacrificio de la cruz y a confiar así a su Esposa, la Iglesia, el memorial de su muerte y resurrección: … banquete pascual en el cual se come a Cristo…"

Se habla aquí de sacrificio eucarístico pero no de su finalidad propiciatoria. Se habla de "perpetuación" pero no de "renovación" o "actualización", se habla de "memorial de la muerte y resurrección" (puestas en un mismo plano). No se hace mención alguna del dogma de la transubstanciación (en los dieciséis documentos del Concilio no aparece jamás esta palabra).[20]

Si alguien quisiera buscar otro pasaje que hiciera referencia directa a la misa, podría ser el N°106 (destacados nuestros):

> "La Iglesia…celebra el misterio pascual cada ocho días, en el día que es llamado con razón 'día del Señor' o domingo. En este día, los fieles deben reunirse *a fin de que*, escuchando la palabra de Dios y participando en la Eucaristía, *recuerden* la pasión, la resurrección y la gloria del Señor Jesús *y den gracias a Dios…*"

El texto muestra claramente que el fin de la misa es el memorial y la alabanza, tal como lo puede sostener cualquier protestante. Este "acento protestantizante" aparece reiterado en otros documentos del Concilio como en el decreto *Ad gentes* (sobre la actividad misionera de la Iglesia):

---

20 Una afirmación sobre el sacrificio de la misa sin referencia a la transubstanciación cae bajo la condena solemne fulminada por Pío VI en 1794, según la cual "por semejante, imprudente y sospechosa omisión se sustrae el conocimiento tanto de un artículo que pertenece a la fe, como de una voz consagrada por la Iglesia para defender su profesión contra las herejías, y tiende así a introducir el olvido de ella, como si se tratara de una cuestión meramente escolástica" (Const. Apostólica *Auctorem fidei*, Dz 1535, errores del sínodo de Pistoya). Cuando algunos padres conciliares se quejaban de este tipo de omisiones, se les contestaba sistemáticamente que el concilio tenía una finalidad estrictamente pastoral y no pretendía definir dogmas ni condenar errores. Lo paradójico de todo esto es que estas "definiciones indefinidas" de carácter pastoral han tenido una repercusión enorme en toda la estructura de la enseñanza de la Iglesia y son las que se terminan imponiendo en los seminarios y en la catequesis de todo el mundo como si fueran una especie de "superdogmas", despreciando la precisión teológica de las definiciones anteriores a las que se considera fruto de un "escolasticismo alambicado y farragoso". Pero ya el papa Pío XII había anticipado y condenado toda esta ofensiva modernista y por eso había podido enseñar en la *Humanis generis*: "*Las nociones y términos que los doctores católicos… han ido componiendo durante el espacio de varios siglos… se fundan realmente en principios y nociones deducidas del verdadero conocimiento de las cosas creadas; deducción realizada a la luz de la verdad revelada, que, por medio de la Iglesia, iluminaba, como una estrella, a la mente humana. Por eso no hay que admirarse que algunas de estas nociones hayan sido, no solo empleadas, sino también sancionadas por los Concilios Ecuménicos; **de suerte que no es lícito apartarse de ellas**"* (Dz 2311). Y refiriéndose específicamente a la filosofía y teología escolástica la defiende y aprueba enfáticamente: "*Y el desprecio de los términos y conceptos que suelen emplear los teólogos escolásticos lleva naturalmente a enervar la llamada teología especulativa, la cual, por fundarse en la razón teológica, opinan que carece de verdadera certeza. Por desgracia estos amadores de novedades fácilmente pasan del desprecio de la teología escolástica a descuidar y hasta despreciar también el magisterio mismo de la Iglesia, **que en tan alto grado aprueba con su autoridad aquella teología**"* (Dz 2312-2313).

"[Los catecúmenos] asisten con todo el pueblo de Dios al *memorial de la muerte y resurrección del Señor*" (N°14).

Aquí no se alude ni a la renovación del sacrificio ni a la expiación. En otro documento, el "Decreto sobre el ministerio y vida de los presbíteros" (*Presbyterorum Ordinis*) se afirma:

> "Es, pues, *la celebración eucarística el centro de la congregación de los fieles* que *preside* el presbítero. Enseñan los presbíteros a los fieles a ofrecer al Padre en el sacrificio de la misa la Víctima divina y a ofrendar la propia vida *juntamente con ella* (N°5, 3).

A la imprecisión del texto se añaden las omisiones: se debería afirmar que la ofrenda la hace, ante todo, el sacerdote *in persona Christi*, que se trata de una ofrenda de hombres pecadores, y que se hace en expiación de nuestros pecados. Aparece la idea de "presidencia". Se introduce la idea equivocada de un "ofrecimiento conjunto" de los fieles y el sacerdote. Idea que aparece reiterada en la Sacrosanctum Concilium en el N°48:

> "[los cristianos] sean instruidos con la palabra de Dios, se fortalezcan en la mesa del Señor, den gracias a Dios, aprendan a ofrecerse a sí mismos al ofrecer la hostia inmaculada no solo por manos del sacerdote, sino juntamente con él...".

Esto parece haber sido tomado de un pasaje de la Mediator Dei de Pío XII que dice (destacado nuestro):

> "Los fieles participan en la forma que les está consentida y por un doble motivo: porque ofrecen el sacrificio, no solo por las manos del Sacerdote, sino también, **en cierto modo**, *conjuntamente con él* y porque con esta participación también la oferta hecha por el pueblo cae dentro del culto litúrgico" (N°113)

Pero, como se ve, el texto del Concilio ha eliminado la locución adverbial "en cierto modo" que estaba inserta en la Mediator Dei justamente para evitar erradas interpretaciones.

Y para que no queden dudas, Pío XII afirma:

> "Cuando se dice que el pueblo ofrece conjuntamente con el Sacerdote, *no se afirma que los miembros de la Iglesia, a semejanza del propio Sacerdote, realicen el rito litúrgico visible* –**el cual pertenece solamente al Ministro de Dios, para ello designado**– sino que *unen sus votos* de alabanza, de impetración y de expiación, así como su acción de gracias *a la intención del Sacerdote*, ante el mismo Sumo Sacerdote, a fin de que sean presentadas a Dios Padre en la misma oblación de la Víctima, y *con el rito externo del Sacerdote.*" (N°115)

Curiosamente, sí hay una afirmación conciliar que se acerca a la doctrina tradicional en cuanto presenta el sacrificio del altar como una **reno-**

vación del de la Cruz. No la encontraremos en la Sacrosanctum Concilium sino en la *Lumen Gentium*. En efecto, en su N°3 dice (destacado nuestro):

> "Cuantas veces se *renueva* sobre el altar el sacrificio de la cruz, en que nuestra Pascua, Cristo, ha sido inmolada (I Cor 5, 7), se efectúa la obra de nuestra redención".

Lástima que los autores de la IGMR no la tuvieron en cuenta.

En resumen: podemos ver que los redactores de la definición de la misa inserta en el N°7 de la IGMR han podido "seleccionar" de los mismos documentos conciliares los elementos principales tan cuestionados, aprovechándose de las imprecisiones, omisiones y ambigüedades de estos documentos de carácter prevalentemente pastoral.[21]

---

21 Al inicio de la tercera sesión del Concilio, el cardenal decano, E. Tisserant, declaró: "Es conveniente recordar que este concilio ecuménico, como afirmó repetidamente el Sumo Pontífice Juan XXIII, **en ningún modo se propone establecer nuevos capítulos de doctrina**; su propio fin es obrar de modo que **se incremente la actividad pastoral** de la Iglesia. **Según esta norma han sido redactados todos los esquemas**, y a ella han sido dirigidas nuestras discusiones y nuestros trabajos". Y en el preámbulo de la famosa *nota prævia*, impresa luego al pie de la constitución conciliar Lumen Gentium se afirma: "Teniendo en cuenta la costumbre conciliar y **el fin pastoral del presente Concilio**, este santo Sínodo define que deben mantenerse por la Iglesia como materias de fe o de moral solamente aquéllas que como tales declarare abiertamente" (Concilio Vaticano II. Constituciones. Decretos. Declaraciones. BAC 252, Madrid 1965, pág. 118). Repárese bien en que la novedad del Concilio Vaticano II no consiste en un supuesto carácter pastoral de todos sus decretos (dado que una parte de ellos es estrictamente doctrinal), ni en la presencia simultánea de decretos doctrinales y pastorales (cosa común a todos los concilios), sino en el hecho de que los decretos doctrinales no fueron dotados del sello de la infalibilidad ni se quiso condenar los errores contrarios. No se quiso definir como dogma de fe la doctrina propuesta, y se intentó más bien presentar la imagen de un concilio totalmente "pastoral" que se limitaba a aplicar a las exigencias de los tiempos modernos la doctrina tradicional de la Iglesia. Todo esto implicaba una concepción mutilada del magisterio de la Iglesia, sustituyendo en los hechos el *diálogo con el que yerra* (que la Iglesia siempre ha procurado corrigiéndolo y atrayéndolo a la verdad) por el *diálogo con el error*, cosa muy distinta. Pretender que la validez de la doctrina no necesita ya de la renovación de las condenas parece aludir a que tal validez se puede imponer únicamente gracias a la fuerza de su propia lógica interna ("la verdad no se impone de otra manera, sino por la fuerza de la misma verdad, que penetra suave y fuertemente en las almas", *Dignitatis humanae* n. 1, 3). Pero si así fuera, la fe no sería ya un don de Dios y no necesitaría, ni de la gracia para llegar a ser y fortalecerse, ni del ejercicio del principio de autoridad —encarnado por la Iglesia Católica— para sostenerse. En esta actitud campea una especie de "pelagianismo" que, de la mano de un optimismo ingenuo, parece convencido de la propia capacidad del hombre moderno para discernir con facilidad los errores y dirigirse a la verdad propuesta por la Iglesia. Un ejemplo de esto puede encontrarse en el mismo discurso del papa Juan XXIII al inaugurar el Concilio Vaticano II, el 11 de octubre de 1962 (subrayados nuestros):

> "Al iniciarse el Concilio ecuménico Vaticano II es **evidente como nunca** que la verdad del Señor permanece siempre. Vemos, en efecto, al pasar de un tiempo a otro, que las opiniones de los hombres se suceden excluyéndose mutuamente y que los **errores**, apenas

En función de todo lo dicho podemos decir que han sido muy acertadas, a la luz de lo que ocurrió después de la corrección del art. 7 (como vemos, equívoca y ambigua), aquellas palabras de Louis Salleron: *"Se corrigió la definición de la misa, pero no se corrigió la misa de la definición"*.

nacidos, *se desvanecen como la niebla ante el sol*. Siempre se opuso la Iglesia a estos errores. Frecuentemente los condenó con la mayor severidad. En nuestro tiempo, sin embargo, la Esposa de Cristo prefiere usar de la medicina de la misericordia más que de la severidad. Piensa que hay que remediar a los necesitados mostrándoles la validez de su doctrina sagrada más que condenándolos. No es que falten doctrinas falaces, opiniones, conceptos peligrosos que hay que prevenir y disipar; pero ellos están ahí, en evidente contraste con la recta norma de honestidad, que han dado frutos tan perniciosos que ya *los hombres, por sí solos, hoy día parece que están por condenarlos* y en especial aquellas costumbres que desprecian a Dios y a su Ley..." (N°15).

Bastaba hacer un análisis mínimamente realista sobre el "mundo maduro y civilizado del siglo XX" (y el XXI) para darse cuenta de lo ilusorio de creer que los hombres condenarían por sí solos estos errores. Estos no solo se han multiplicado y difundido a lo largo y ancho de la Iglesia sino que varias de las afirmaciones del concilio de carácter pastoral terminaron siendo fundamento para desarrollos teológicos de dudosísima ortodoxia, lo que se ha llamado acertadamente "las bombas de relojería" del Concilio. Quizás a esas "bombas" se refería el entonces perito del Concilio, el P. Joseph Ratzinger cuando decía en 1965 (subrayados nuestros):

"Muchas cosas permanecen incompletas, fragmentarias, e incluso lo logrado, como la colegialidad de los obispos, más bien debe llamarse un comienzo que un término: una tarea que implica más de una dificultad y también peligros... *Todo cuanto resuelva un Concilio no puede ser sino un comienzo que solo adquiere su verdadera significación al ser traducido en la realidad de la vida cotidiana de la Iglesia*. Resta, pues, de todos modos, la cuestión de hasta qué punto se logrará esta traducción" (*Resultados y perspectivas en la Iglesia Conciliar*, Ediciones Paulinas, agosto de 1965, pág. 115-116)

II

LA DOCTRINA CATÓLICA SOBRE EL SACRIFICIO DE LA MISA (PUNTOS PRINCIPALES)

Como ya hemos anticipado en la Presentación no es el fin de este trabajo desarrollar los motivos que han llevado a la crisis litúrgica. Remitimos para ello a los estudios especializados. Aquí simplemente enunciaremos los errores principales y su confrontación con los principales puntos de la doctrina católica sobre el Santo Sacrificio de la Misa. Y esto solo a los efectos de que el lector pueda tener una idea más acabada de las consecuencias doctrinales que se siguen de las diferencias que podrá observar en el Estudio Comparativo que hemos realizado (Tercera Parte, pág. 93-158).

1. El sacrificio de la Cruz

Lo primero que Dios Padre quería de su Hijo hecho hombre era que Él ofreciera un sacrificio de perfecta alabanza y completa reparación. La muerte de Jesús es una iniciativa del Padre que Jesús acepta voluntariamente. Jesús se sabía enviado del Padre para servir y para dar su vida "por la muchedumbre" (Mc 14, 24).

Es conocido el argumento teológico según el cual Dios podría haber redimido con su omnipotencia de muchos modos al hombre (habría podido condonar la deuda, habría podido delegar a un ángel, etc.). Es más, si Dios hubiera querido librar al hombre del pecado sin exigirle satisfacción alguna, no hubiera obrado contra la justicia.

Sin embargo, afirma santo Tomás, la Encarnación del Verbo ha sido un medio conveniente, incluso el más conveniente para la reparación humana. Y la razón es que para una satisfacción condigna, se requiere no solo la igualdad entre lo debido y lo pagado, sino también la igualdad entre el acreedor y el que satisface la deuda. Pero solo Cristo siendo perfecto Dios podía satisfacer plenamente la ofensa hecha a Dios, cuya dignidad es infinita (eso no sería posible a un simple hombre, por muy santo que llegara a ser). Y siendo Jesucristo a la vez perfecto Hombre representaba del todo a la humanidad: es uno de nosotros. Así los hombres alcanzaban con toda justicia el perdón de Dios. El pecado, en efecto, abrió entre Dios y los hombres un abismo infinito, imposible de rellenar por parte del hombre si Dios le exigía una reparación en estricta justicia. Solo un Hombre-Dios podía salvar la distancia infinita entre Dios y nosotros y pagar la deuda totalmente.

Hombre perfecto, cabeza y jefe de la humanidad, Jesús es el sacerdote y la víctima que puede representar ante su Padre, cabalmente a toda la humanidad caída. *Dios*, como su Padre y el Espíritu Santo, Él es el sacerdote digno de tratar con Dios, de igual a igual, y la víctima cuyo valor infinito puede reparar íntegramente la infinita ofensa. Un gesto, una palabra de Nuestro Señor, hubiesen podido satisfacer por todos los pecados de la humanidad, puesto que el menor de los actos de Él reviste un valor infinito.

Pero Jesús no quiso contentarse con eso. Prefirió soportar el ignominioso y a la vez sublime sacrificio de la Cruz:

1° – para dar una satisfacción sobreabundante a la justicia divina;

2° – para testimoniarnos su inmenso amor;

3° – para hacernos comprender mejor la malicia del pecado;

4° – para enseñarnos a padecer valientemente las penas y los sufrimientos de esta vida.

Así pues, el sacrificio de la Cruz es el verdadero, único y perfecto sacrificio de la religión Católica, la cual es asimismo la única religión verdadera y perfecta.

En el sacrificio de la Cruz se dan los siguientes elementos esenciales de todo sacrificio, entendido éste como acto de culto:

• *El altar del sacrificio* fue la misma cruz sobre la cual se inmoló Cristo.

• *El sacerdote* es, igualmente, Jesucristo. Él mismo hizo al Padre la ofrenda de su inmolación.

• *La víctima* es Jesucristo, Hijo de Dios y, como tal, víctima de valor infinito.

• *La inmolación* fue completa, entera, cruenta.

• *El fin*, honrar al Padre y redimir a los hombres, y así dar satisfacción por los pecados.

Consideremos, además, otros argumentos de por qué el de Cristo es el sacrificio más perfecto posible.

Solamente la infinita sabiduría de Dios pudo ofrecer al hombre un medio adecuado para que el sacrificio perfecto pudiera realizarse. Jesucristo, Dios y hombre verdadero, fue Sacerdote perfecto y Víctima perfecta. En efecto, en razón de la unión del Sacerdote y de la Víctima y de la dignidad de ésta, el sacerdocio de Cristo es el más perfecto posible. Jesús no podía ofrecer por nosotros a su Padre otra víctima que Él mismo. Pero esta muerte no es un puro padecer que Él no pudiera apartar o una fatalidad que se le impusiera necesariamente, sino un acto de obediencia, una acción, el cumplimiento de su propio sacrificio, la realidad de su ofrecimiento. No fue, como afirma la teología liberal protestante y algunos modernistas, una muerte puramente heroica en una situación sin salida ni la aceptación voluntaria de un destino fatal, sino la libre entrega de sí mismo a la muerte para que el mundo viviera: "Por esto el Padre me ama, porque yo doy mi vida para tomarla de nuevo. Nadie me la quita, soy yo quien la doy por mi propia voluntad. Tengo poder para darla y poder para volver a tomarla. Tal es el mandato que del Padre he recibido" (Jn 10, 17).

Se ha objetado a esto que el sufrimiento de Cristo no ha sido el mayor de todos los que se pueden padecer en la vida presente. Santo Tomás de Aquino (III, q 46, a 6 c y ad 4), responde que sí, que fue el *máximo* sufrimiento posible. Ciertamente que no experimentó *todos* los sufrimientos posibles, pues hay suplicios que se oponen, la muerte en la cruz difiere de los tormentos por el hierro o el fuego; *pero Jesús experimentó todos los géneros de sufrimientos físicos y morales.* Sufrió en todo su cuerpo que, a consecuencia de la flagelación, no era más que una llaga, y que de nuevo fue dejado en carne viva cuando le arrancaron su vestido, de nuevo pegado a las heridas antes de la crucifixión, sufrimientos aumentados singularmente por la delicadeza de su constitución, la de un cuerpo milagrosamente concebido en el seno de la Virgen.

Además Cristo experimentó todos los sufrimientos morales provenientes de su pueblo que se apartaba del camino de la salvación, de los sacerdotes de la Sinagoga que se habían encarnizado contra Él, de sus amigos que lo abandonaban y de la justicia divina que lo golpeaba en nuestro lugar.

Fue también el mayor de los sufrimientos porque provenía del mayor de los males, del pecado, cuya gravedad y extensión Jesús conocía mejor que nadie. Enseña santo Tomás:

"El sufrimiento de Jesús superaba al de todos los corazones contritos, pues provenía de una sabiduría mayor (que le mostraba mejor que a nadie la infinita gravedad de la ofensa hecha a Dios y la multiplicidad de los crímenes de los hombres); provenía también de un inmenso amor de Dios y de las almas y, en fin, sufría por los pecados no de un solo hombre, como el pecador arrepentido, sino de todos los hombres juntos" (III, q. 46, a.6, ad 4).

Y aún más. La muerte de Cristo es también *única* en un sentido – podríamos decir– metafísico: la muerte no actúa en él desde el interior mismo, como consecuencia de una destrucción vital. La muerte le llega por la voluntad del Padre, y Él la acepta con su propia voluntad, por lo cual la asimila mucho más profundamente que cualquier hombre. Nosotros la padecemos, sometidos por la violencia; en cambio, Él la acepta, la *asume*, con el amor más profundo e íntimo. Recuérdese la explicación de santo Tomás de que Cristo podría haber evitado su muerte y no lo hizo.

"Hubiera podido impedirla haciendo que sus adversarios no quisiesen o no pudiesen matarlo, o también haciendo que su naturaleza humana no sufriera ningún daño, ya que, en virtud de la unión hipostática, tenía poder infinito para ello. Y porque no quiso impedir su muerte, pudiéndolo hacer, por eso se dice que entregó su alma o que murió voluntariamente". (III, 47, 1).

En síntesis Cristo murió en obediencia al mandato del Padre y murió con muerte de Cruz en obediencia a ello. Morir es por esto "mucho más difícil" para Él. Se ha dicho que la muerte de muchos ha sido más horrible que la suya, pero esto no es cierto. *Nadie murió ni ha muerto como Él. Jesús no podía ser Víctima más plenamente. La inmolación no podía llegar más allá.*

Esta Víctima tiene un valor infinito. Es la inmolación completa, el Holocausto perfecto[22] en reparación del pecado del hombre.

---

22 Debemos aclarar que hacer equivaler –como algunos lo promueven hoy día– esta palabra a "genocidio" es un uso impropio, puesto que el término "holocausto" implica necesariamente el sacrificio total de la víctima: carnalmente, significa que la víctima debe consumirse por combustión, vísceras incluidas; espiritualmente, que en la víctima debe extinguirse todo, hasta la voluntad más visceral y recóndita. Esto es, la víctima debe realizar la más total y anonadadora oblación de sí. En este holocausto de oblación se incluye el perdón de los enemigos, el poner la otra mejilla, la remisión a Dios de toda venganza o revancha. No basta, pues, la matanza material ni aún de la mitad de un pueblo para hablar de holocausto no solo porque la aniquilación material no es total, sino porque el espíritu del sujeto se rebela contra su padecer, no perdona a su perseguidor, no ofrece a Dios su martirio. Cosas todas estas que Cristo cumplió a la perfección, y que nadie más cumple sino uniéndose místicamente a Su oblación. Holocausto no designa un concepto solamente humano sino algo sobrehumano. Holocausto es una de las muchas propiedades referidas a Cristo en exclusiva. Apropiársela es acto equívoco, si no acaso –como se sospecha– intencionadamente falsificador o, peor aún, ensoberbecida pretensión de ocupar el lugar del único sacrificio de valor infinito realizado por el Hombre-Dios, usurpando de esta manera la iniciativa amorosa salvífica de Dios, única eficaz para la salvación de todos los hombres (cfr. www. sisinono, *¿Puede subsistir la Antigua Alianza al margen de la Nueva y Perfecta Alianza?* 29-7-2001).

2. Diferencia entre el sacramento y el sacrificio eucarístico

Para establecer esto tenemos que tener en cuenta que la *Eucaristía como sacramento* es un signo sensible que tiene por objeto comunicar la gracia de Dios en provecho de los hombres; en tanto que la *Eucaristía como sacrificio* es el ofrecimiento de Jesucristo para reconocer a Dios como dueño, alabarlo, darle gracias, aplacarlo y rogarle.

La diferencia, pues, está en que el sacrificio y la comunión son dos actos distintos, con objetos propios y específicamente diversos. El fin del sacramento es alimentar espiritualmente a los hombres con la gracia; el fin del sacrificio es honrar a la Divinidad.

3. El sacrificio de la Misa: definición

La Santa Misa es el sacrificio de la Nueva Ley, en el que Nuestro Señor Jesucristo se ofrece en nuestros altares por manos del Sacerdote, bajo las especies de pan y de vino, en memoria y como renovación del Sacrificio de la Cruz. En la Santa Misa se actualiza de modo real e incruento el Sacrificio cruento del Calvario.

4. Realidad del Sacrificio de la Misa

4.1. *La Santa Misa es verdadero y propio sacrificio* (de fe): "Si alguno dijere que en el sacrificio de la Misa no se ofrece a Dios un verdadero y propio sacrificio, o que el ofrecerlo no es otra cosa que dársenos a comer Cristo, sea anatema" (Concilio de Trento, Sesión XXII, Canon 1, Dz 948). Según la teología católica la Santa Misa es la renovación incruenta del Sacrificio de la Cruz. Es el mismo sacrificio ofrecido sacramentalmente por medio de los sacerdotes, para rendir a Dios adoración infinita y aplicar a los hombres los méritos de la Redención.

La Misa reúne los elementos necesarios para ser considerada un verdadero sacrificio.

• *El altar* es la piedra consagrada, que se llama "ara", y sobre la cual se inmola Jesucristo.

• *El sacerdote* o *legítimo ministro* es el mismo Jesucristo (ministro principal), quien se vale del ministerio de un sacerdote (ministro secundario).

• *La víctima* o *cosa sensible* es el Cuerpo y la Sangre del Señor, ofrecidos al eterno Padre.

• *La inmolación* o *destrucción* no es aquí ya una inmolación cruenta, porque Jesucristo ya no está sujeto a la muerte real. Hay, en cambio, una inmolación incruenta y mística, *significada en la separación de las especies*, pues un cuerpo privado de su sangre es, con toda evidencia, un cuerpo sin vida. La separación mística de la Carne y la Sangre del Señor se efectúa mediante las palabras de la consagración, en virtud de las cuales en la hostia está el Cuerpo y en el cáliz la Sangre preciosísima de Jesucristo; si bien, por concomitancia (esto es, concurrencia, acompañamiento, circunstancia de ir una cosa con otra) en virtud de la Resurrección y por la unión hipostática, está presente Jesucristo, entero, Dios y Hombre, vivo y verdadero en cada una de esas especies).

• *El fin* es honrar a Dios, pues la Santa Misa solo a Dios se ofrece. A nadie sino a Dios, por medio de Dios hecho hombre, corresponde el ofrecimiento de la Misa: ni siquiera a la Virgen y a los santos. La adoración pertenece únicamente a Dios y a ninguna otra criatura, por más encumbrada y santa que sea. Sin embargo, muchas veces se dice "Misa en honor de la Santísima Virgen o de tal o cual santo". Estas palabras no significan que se ofrece la Misa en favor de ellos, tributándoles un culto que no les es propio, o como si ellos tuvieran alguna pena que pagar o alguna gracia que adquirir para sí mismos. Significan, sí, que la ofrecemos para dar gracias a Dios porque los hizo triunfar en la tierra; para implorar su patrocinio; para que se dignen interceder por nosotros; para conmemorar su vida santa o su glorioso martirio y para movernos a su imitación. Queda claro, entonces, que la Misa se ofrece siempre y únicamente a Dios.

5. Relación e identidad entre el sacrificio de la Misa y el de la Cruz

5.1. Este sacrificio consiste en que Cristo, por una inmolación incruenta, hace lo que ya hizo en la Cruz ofreciéndose a sí mismo al Padre eterno como hostia agradabilísima. En el sacrificio de la misa y en el de la cruz son idénticos la hostia y el sacerdote primario (Cristo); lo que difiere únicamente es el modo de hacer la oblación (de fe). El concilio de Trento declaró: "Una sola y la misma es, en efecto, la víctima, y el que ahora se ofrece por el ministerio de los sacerdotes, *es el mismo que entonces se ofreció a sí mismo en la cruz*, siendo solo distinta la manera de ofrecerse" (Dz 940).

"En la Cruz [Cristo] se ofreció a Dios totalmente y con todos sus sufrimientos, y esta inmolación de la víctima fue llevada a cabo por medio de su muerte cruenta, voluntariamente padecida; en cambio, sobre el altar, a causa del estado glorioso de su naturaleza humana, la muerte no tendrá ya dominio sobre Él (Rom 6, 9), y por eso la efusión de la sangre es imposible; pero la divina sabiduría ha hallado un modo admirable para hacer manifiesto el sacrificio de nuestro Redentor *con señales exteriores, que son símbolos de muerte*, ya que, gracias a la transubstanciación del pan en el cuerpo y del vino en la sangre de Cristo, así como está realmente presente su cuerpo, también lo está su sangre; y de esa manera las especies eucarísticas, bajo las cuales se halla presente, simbolizan la cruenta separación del cuerpo y de la sangre. De este modo, la conmemoración de su muerte, que realmente sucedió en el Calvario, se repite en cada uno de los sacrificios del altar, ya que *por medio de señales diversas* se significa y se muestra Jesucristo en estado de víctima" (Pío XII, *Mediator Dei*, N°48).

De acuerdo con esta enseñanza de Pío XII, en la Santa Misa se realiza de modo incruento (sin derramamiento de sangre para Jesucristo) el Sacrificio cruento de la Cruz: no se trata de una representación de hechos ocurridos en el pasado, sino de la verdadera renovación actual de aquel Sacrificio del Calvario.

En síntesis, el santo sacrificio de la Misa es, *sustancialmente*, el mismo sacrificio de la Cruz, porque en ambos la víctima es la misma, el sacerdote es el mismo, y el fin el mismo: el cual, en uno y en otro, es el reconocimiento del supremo dominio de Dios sobre todas las cosas. Sin embargo, hay entre los dos sacrificios algunas diferencias accidentales:

• *Primera diferencia*: en la forma de verificarse la inmolación, que en la Cruz fue cruenta y en la Misa es incruenta.

• *Segunda diferencia*: en el ministro, que en la Cruz fue el mismo Jesucristo en persona, mientras que en la Misa es Jesucristo en la persona del sacerdote.

• *Tercera diferencia*: en la Cruz, Cristo nos mereció la redención; en la Misa, nos aplica esa redención merecida en la Cruz.

5.2. Esta renovación incruenta del Sacrificio de la Cruz –como ya vimos– tiene lugar en la doble consagración significando sacramentalmente la Pasión de Cristo, en la que su Sangre, al derramarse, se separó de su Cuerpo. Téngase presente que para la teología clásica en contraposición a las nuevas explicaciones teológicas que se fundan en la "teoría del Misterio Pascual" derivada a su vez de la "doctrina de los Misterios" de Odo Casel, la misa es un sacrificio, no porque sería un memorial que haría que "volviese a estar presente" (re-presentar) el sacrificio del Calvario, sino porque, al término de la doble consagración, se realiza en ella una verdadera inmolación ritual incruenta (per externa signa) que es a su vez signo indicador de la inmolación cruenta.

Podríamos resumir perfectamente la oposición entre la teología clásica y la nueva con la interpretación que cada una de ellas da al verbo *repr-*

æsentare que usó el Concilio de Trento ("un sacrificio visible, como exige la naturaleza de los hombres [can. 1] por el que se *representara* aquel suyo sangriento que había una sola vez de consumarse en la cruz...", Dz 938). La nueva teología lo entiende como "volver a hacer presente", lo cual se realiza por la dimensión objetiva del *memorial*. De este modo la misa es en primer lugar un memorial, y solo secundariamente reviste un aspecto sacrificial, en cuanto que es memorial; no porque la misa sea un verdadero sacrificio ritual, sino porque el memorial "hace presente el sacrificio de la Cruz" bajo el velo del misterio. En cambio, en la teología clásica *repræsentare* implica una **renovación** del mismo y único sacrificio de la Cruz, que es real y verdadera. Es decir, que la misa es en primer lugar un sacrificio verdadero y propio, y en segundo lugar, por ser el mismo sacrificio de la cruz que se renueva realmente, es memorial de éste. Si hay un sacrificio verdadero, y no simplemente el signo de un sacrificio, **no es por la objetividad del memorial, sino porque la transubstanciación hace que estén realmente presentes el cuerpo y la sangre de la divina Víctima**. (*El problema de la reforma litúrgica*, pág. 91 y 93).

En virtud de las palabras de la Consagración, que el sacerdote pronuncia en la Santa Misa ("Este es mi Cuerpo...; éste es el cáliz de mi Sangre...") toda la sustancia del pan se convierte en el Cuerpo de Cristo y toda la sustancia del vino en su Sangre. El pan deja de ser pan y el vino deja de ser vino: lo que era pan se hace el Cuerpo de Cristo; lo que era vino se hace su Sangre. A esta conversión, como se sabe, se la llama *transubstanciación*. No es *transfiguración*, o cambio de figura; ni *transformación*, o cambio de forma; ni *transposición*, o cambio de posición o de actitud; sino transubstanciación, o sea, cambio total de substancia.[23]

5.3. La hostia o Víctima es el cuerpo y sangre de Cristo y por concomitancia todo el Dios-Hombre Jesucristo. Después de la consagración, desapa-

---

23 Tampoco es mera *transignificación* ni *transfinalización*, como tuvo que aclarar el papa Paulo VI en su encíclica *Mysterium Fidei* (3-9-1965). Por la primera (posición errónea sostenida por ejemplo por el P. Schoonnenberg SJ en "Verbum", diciembre de 1964) en vez de cambiar la sustancia, cambia el *sentido*: ese pan *significa*, por ejemplo, la unión en el Cuerpo Místico de Cristo, o la entrega que el Señor hace de sí mismo; por la segunda, (explicación derivada de filosofías como las de Heidegger quien afirmó que las cosas que el hombre usa son lo que son por el significado, el sentido que el hombre les da y sostenida, por ejemplo, por el P. S. Trooster en "Streeven", mayo de 1965) en vez de cambiar la sustancia de pan en sustancia del cuerpo de Cristo, cambiaría solo el *fin* (lo que serviría para comer, sirve para ir al cielo). Según esta teoría errónea, Cristo mismo cambia radicalmente el significado del pan (transfinalización), sacando el pan de su función con el mundo pasajero, de modo que entra en la función de la presencia en su Iglesia. Si las cosas terrenales reciben su modo de ser del hombre que le da sentido, con mayor razón en la Eucaristía recibe su modo de ser del Señor. Hay pues cambio de esencia del pan que se convierte de pan terrenal en pan celestial.

rece la sustancia del pan y del vino; pero quedan los *accidentes* de ese pan y de ese vino: la cantidad, el color, el sabor, la figura, la extensión, etc. *Accidente*, en sentido filosófico, es una cosa que por su naturaleza existe unida a otra; por ejemplo: el color no existe aislado sino en una sustancia que lo sostiene. Lo mismo podemos decir del sabor, de una figura, etc. Solo por milagro puede estar separado un accidente de la correspondiente sustancia. En la Eucaristía, a pesar de que percibimos los accidentes del pan y del vino (color, sabor, etc.), ellos no están sostenidos por la sustancia propia del pan y del vino (que ya no existe después de la consagración) y tampoco están sostenidos por la sustancia del Cuerpo y la Sangre del Señor: se sostienen milagrosamente en sí mismos, sin estar adheridos a sustancia alguna. Estos accidentes producen en nosotros los mismos efectos que cuando pertenecen a la sustancia del pan y del vino, como es, por ejemplo, el tener un sabor determinado y el ser nutritivos. Pero hay más todavía: estos accidentes están sujetos a todas las alteraciones de que son susceptibles en estado normal: quemarse en el fuego, mojarse en el agua, partirse, alterarse con los ácidos y corromperse con el tiempo. Por último, digamos que estos accidentes reciben el nombre de *especies* sacramentales. La palabra latina "species" quiere decir "lo que aparece"; aquí pues es sinónimo de *apariencia*. Por tanto, *especies sacramentales* es lo mismo que *apariencias sacramentales*; y, pues, lo que aparece son los accidentes, es igual que decir *accidentes sacramentales*. De acuerdo a lo dicho, entonces, las especies sacramentales dan presencia sensible a la hostia, pero no pertenecen a la hostia misma.

5.4. El sacerdote primario es Jesucristo, el cual se sirve del sacerdote humano como de ministro y vicario, y por medio de él efectúa la consagración.

5.5. El fin sacrificial es el mismo en la misa y en el sacrificio de la cruz; el fin primario es la glorificación de Dios, y el secundario la propiciación, la acción de gracias y la impetración.

6. Relación entre el Sacrificio de la Misa y la última Cena

6.1. Jesucristo instituyó el sacramento de la Eucaristía en la última Cena, realizando por vez primera la transubstanciación del pan y del vino en su Cuerpo y en su Sangre, y anticipando de ese modo su muerte en la Cruz que se iba a consumar al día siguiente, primer viernes Santo; por tanto la última Cena tiene también una estrecha relación con el Sacrificio de la

Cruz, ya que lo anticipó sacramentalmente. De este modo Jesucristo institu-yó el sacramento de la Eucaristía en la última Cena, *pero no consumó su Sacri-ficio redentor hasta morir en la Cruz, y solo entonces tuvo lugar* –si se permite hablar así– *la "primera" Misa*. Sería erróneo, entonces, pensar que el Sacra-mento de la Eucaristía es independiente de la Cruz, o que la Santa Misa es una representación de la Cena y no la renovación del Sacrificio de la Cruz. Enseña el Concilio de Trento: "En la última Cena, *la noche que era entregado*, para dejar a su esposa amada, la Iglesia, un sacrificio visible, como exige la naturaleza de los hombres [can. 1], por el que se representara aquel suyo sangriento que había una sola vez de consumarse en la cruz, y su memoria permaneciera hasta el fin de los siglos [I Cor, 11, 23 ss], y su eficacia saluda-ble se aplicara para la remisión de los pecados que diariamente cometemos, declarándose a sí mismo constituido para siempre sacerdote según el orden de Melquisedec [Sal 109, 4], ofreció a Dios Padre su Cuerpo y su Sangre bajo las especies de pan y de vino…" (Sesión XXII, cap. 1, Dz 938).

6.2. A la luz de esta doctrina no se puede identificar la Santa Misa simplemente como un recuerdo de la Cena, ni considerarla un modo de expresar la fraternidad de los cristianos en torno a la Mesa del Señor. En cambio, la relación entre la última Cena, el Sacrificio de la Cruz y la Santa Misa implica lo siguiente:

– que hay una diferencia accidental no solo entre el Sacrificio de la Misa y el Sacrificio de la Cruz, sino también entre el Sacrificio de la Misa y el Sacrificio ofrecido por Jesucristo en la última Cena: *el de la última Cena anticipaba, la Santa Misa perpetúa*; en la última Cena el Cuerpo de Cristo realmente presente era pasible (aún no paciente), en la Misa es glorioso.

– que la Santa Misa *remite directamente al Sacrificio de la Cruz*, anunciado y sacramentalmente anticipado, pero aún no consumado, en la última Cena.

– que la Santa Misa fue instituida en la última Cena, no para perpe-tuar esa última Cena, sino *para perpetuar el Sacrificio mismo de la Cruz*.

7. La esencia del Sacrificio de la Misa

7.1. Si la Santa Misa es la renovación incruenta del Sacrificio de la Cruz, se debe a que lo esencial de ella se identifica con la Muerte de Cristo en el Calvario: viene representada por la doble Consagración del pan y del vino, significando sacramentalmente aquella separación del Cuerpo y de la Sangre de Cristo en la Cruz. El papa Pío XII ya señalaba los *errores* de quienes afirman que es absolutamente necesario para la esencia del sacrificio que los fieles, junto con el sacerdote, reciban el alimento eucarístico, porque, según dicen, "no se trata solo de un Sacrificio, sino del Sacrificio y del convite de la comunidad fraterna, y hacen de la Sagrada Comunión, recibida en común, como la cima de toda la celebración".

> "Se debe, pues, una vez más advertir que el Sacrificio Eucarístico, por su misma naturaleza, es la incruenta inmolación de la divina Víctima, inmolación que se manifiesta místicamente por la separación de las sagradas especies y por la oblación de las mismas al Eterno Padre. Pero la Sagrada Comunión atañe a la integridad del Sacrificio y a la participación del mismo mediante la recepción del augusto Sacramento; y mientras que es enteramente necesaria para el ministro que sacrifica, para los fieles es tan solo vivamente recomendable" (*Mediator Dei*, N°141).

Luego, la esencia de la Santa Misa es la Consagración. La Comunión no pertenece a la esencia de la Misa, sino a su integridad: es necesaria la comunión del sacerdote y recomendable la de los fieles.

8. Fines del sacrificio de la misa

8.1. *El sacrificio de la misa no solo es sacrificio de alabanza y de acción de gracias, sino también de propiciación e impetración* (de fe).

El sacrificio de la Misa se ofrece a Dios por los mismos fines por los cuales se ofreció el sacrificio de la Cruz; a saber: un fin *latréutico* o *de adoración*, un *fin eucarístico* o *de acción de gracias*, un *fin expiatorio* o *propiciatorio* y un *fin impetratorio* o *de súplica*. El concilio de Trento definió:

> "Si alguno dijere que el sacrificio de la Misa solo es de alabanza y de acción de gracias, o mera conmemoración del sacrificio cumplido en la cruz, pero no propiciatorio; o que solo aprovecha al que lo recibe; y que no debe ser ofrecido por los vivos y los difuntos, por los pecados, penas, satisfacciones y otras necesidades, sea anatema" (canon 3, Dz 950, subrayados nuestros).

• El *fin latréutico* o *de adoración*: la Misa es un acto de adoración perfecto y verdaderamente digno de Dios. En ella se ofrece una víctima divina. Los demás actos del culto de latría no llegan a tener tal dignidad; únicamente la Misa da a Dios toda la adoración que Él merece.

• El *fin eucarístico* o *de acción de gracias*. Con la Misa podemos dar a Dios el agradecimiento condigno a los beneficios recibidos de su mano. En ella le ofrecemos el don más precioso que hay en los cielos y en la tierra, la misma víctima que se inmoló en la Cruz: su propio Hijo.

• El *fin expiatorio* o *propiciatorio* implica que por los méritos de Jesucristo, adquiridos en la Cruz y aplicados en la Misa, se aplaca y cesa la justa indignación divina contra el pecador. Esta indignación no ha de entenderse al modo humano, como si Dios fuera capaz de pasiones, sino como un puro y sosegado conocimiento de la injusticia que comete el pecador, y una serena voluntad de restaurar el orden alterado por la culpa, mediante un castigo nunca injusto y siempre misericordioso.

• En cuanto al *fin impetratorio* o *de súplica*, significa que el cristiano pide alcanzar nuevos favores de Dios. En la Misa, la oración del cristiano es acompañada por la del sacerdote, y ambas por la valiosísima oración de Jesucristo. No existe plegaria más eficaz que la Santa Misa. Sin embargo, no produce infaliblemente el efecto de la intención particular de quien la celebra o encarga; ello depende de las disposiciones del que pide, y de lo que en ella se pide.

8.2. Según lo definido por el Concilio de Trento, la Misa puede aplicarse por los vivos y los difuntos:

• *por los vivos*: por los fieles justos y pecadores; por los infieles, herejes, cismáticos, pidiendo su conversión a la fe católica; y por ciertos excomulgados; *por los difuntos*: puede ofrecerse por las almas del purgatorio.

• *pero no puede ofrecerse*: por las almas que son incapaces de recoger el fruto del sacrificio, es decir, por los condenados del infierno; por los que murieron separados de la Iglesia (herejes, cismáticos y excomulgados) que no hayan dado señal de arrepentimiento, haciendo concebir alguna esperanza de salvación. Tampoco puede ofrecerse la Misa en sufragio de los santos, pero sí en su honor en el sentido preciso indicado antes (ver p. 51).

Apartado 1: La nueva teología del Misterio Pascual y la Reforma litúrgica

Vimos antes (pág. 46) que el Concilio Vaticano II se había referido a esta noción en varias oportunidades. ¿Qué relación tiene esto con nuestro análisis?

La noción de "misterio pascual" difumina los límites que la doctrina católica había establecido sobre el papel meritorio de los grandes misterios de la Redención. En efecto, se produce un desplazamiento del centro de gravedad de la misa desde la acción meritoria de la Pasión y Muerte de Nuestro Señor hacia la misma Resurrección de Cristo, a la que también parece que se le atribuye un valor meritorio redentor. Pero la teología católica enseña claramente que, si bien la Pasión, la Resurrección y la Ascensión de Nuestro Señor forman tres aspectos inescindibles de la Redención, por otro lado, desde el punto del mérito, son de un valor netamente distinto.

La **Pasión y Muerte** tienen un valor *satisfactorio* y *meritorio*. Por *satisfacción* en sentido general se entiende el cumplimiento de un deseo o exigencia. En sentido estricto significa la reparación de una ofensa. Si la satisfacción no es presentada por el mismo ofensor, sino por alguien que lo representa, hablamos de satisfacción vicaria. *Cristo, por medio de su pasión y muerte, ha dado satisfacción vicaria a Dios por los pecados de los hombres* (sentencia próxima a la fe). Y es *meritoria* porque el sacrificio de Cristo en la Cruz (redención objetiva) fundó el derecho a todas las gracias sobrenaturales que se nos distribuyen, especialmente por medio de los sacramentos, para nuestra salvación individual (redención subjetiva) (Dz 799). La Sagrada Escritura no usa expresamente la palabra "mérito" pero contiene sustancialmente toda la doctrina sobre el mérito de Cristo: "Por lo cual [por su obediencia hasta la muerte] Dios lo ensalzó y le dio un nombre sobre todo nombre" (Fil 2, 9); "Vemos…a Jesús coronado de gloria y de honor por haber padecido la muerte, para que por gracia de Dios gustase la muerte por todos" (Hebr 2, 9). Se prueba especulativamente la meritoriedad de las acciones de Cristo por haber cumplido éstas todos los requisitos para el propio y verdadero mérito: tales acciones fueron libres, moralmente buenas, sobrenaturales; realizadas en estado de peregrinación por la tierra (*status viae*) y en estado de gracia, y tenían la promesa divina de la recompensa. Como acciones de una persona divina, tenían un valor meritorio infinito.

Pero la **Resurrección** y la **Ascensión** son dos misterios que siguen a la muerte de Cristo. Ahora bien, Cristo cesó de merecer después de su muerte, como ocurre con todos los demás hombres. En efecto, como vimos, el mérito, que es el derecho al premio por una obra cumplida, exige, entre otras cosas, que las obras se realicen en "estado de viador" (*status viae*). De ahí que la resurrección y la ascensión, no merecieran nada ni para Él ni para nosotros, mientras que todas las acciones de Cristo en su vida *terrena* tienen para nosotros valor salvífico, no obstante que su obra redentora alcanzó el punto culminante en el sacrificio de su muerte en la cruz. Por lo tanto, la muerte de Jesús es, de una manera preeminente pero no exclusiva, la causa eficiente de nuestra redención.

De esta manera, ni la resurrección, ni la glorificación del cuerpo ni su ascensión a los cielos fue un mérito de Cristo, sino que constituyó algo *merecido* para Éste en recompensa por la humillación que sufrió en su pasión y muerte. San Agustín comenta: "Por la humillación se hizo merecedor de la glorificación; la glorificación es la recompensa de la humillación" (*In Iohan, tr. 104, 3*).

En el aspecto soteriológico, la resurrección no es, sin duda, causa meritoria de nuestra redención como lo fue la muerte en cruz, pero es la consumación victoriosa de la obra redentora. *Pertenece a la integridad de la Redención* y la Sagrada Escritura la propone como formando un conjunto con la muerte redentora; es figura de nuestra resurrección espiritual del pecado y es figura y prenda de nuestra resurrección corporal.

De semejante manera, la ascensión es la consumación gloriosa de la obra redentora de Nuestro Señor Jesucristo, así como el *typo* de nuestra resurrección corporal. Pero cuando se quiere precisar el valor salvífico de estos tres grandes misterios de la redención, se ha de decir que solo la cruz es *causa meritoria* de ésta, mientras que la resurrección y la ascensión son su *causa ejemplar y eficiente* (cfr. Suma Teológica III, q. 56, a1 ad 3 y q. 57, a.6).

En la teoría del Misterio Pascual ya no se hacen estas distinciones sino que se habla indistintamente de "redención" en general y esto podría dar a entender que hemos sido redimidos por la cruz y por la resurrección en un plano de igualdad total.

Además, es una comprobación fácil que quien habla de "redención" piensa en primer lugar en la pasión, en la muerte y luego en la resurrección como en un complemento. En cambio cuando se habla de la "pascua" se piensa en primer lugar en el Cristo resucitado. La resurrección no aparece entonces como un epílogo, sino como el término y el fin en que se resume el misterio salvador.

Por lo tanto, aparece el peligro que ya señalamos de una teología del santo sacrificio de la misa que termina identificándola con un *banquete festivo de celebración del Cristo resucitado.* Esta idea errónea se está difundiendo con rapidez en la catequesis y en la práctica sacramental. Pero esto es lógico, si se tiene presente el horror que siente el hombre moderno por la verdad católica de que hemos sido redimidos a través del sufrimiento y la muerte en cruz y el olvido en muchos fieles del papel fundamental que debe cumplir el dolor redentor en la vida cristiana.

Por eso, habría que hacer cuidadosas distinciones para no confundir, si se afirma, como hace el papa Juan Pablo II en su encíclica Ecclesia de Eucharistia, que "el sacrificio eucarístico no solo *hace presente* el misterio de la pasión y muerte del Salvador, sino *también el misterio de la Resurrección, que corona su sacrificio*" (N°14, destacados nuestros). Las claras referencias de esa misma encíclica a la doctrina del Concilio de Trento sobre la presencia real, verdadera y substancial de Cristo bajo las especies eucarísticas, quedan enturbiadas con este concepto nuevo y poco claro del "hacer presente" toda la obra de la salvación realizada por la vida, la muerte y la resurrección de Cristo.

Para la teología tradicional "la misa es oblación sacrificial de la presencia transubstanciada". Las nuevas corrientes litúrgicas insisten en el aspecto de memorial, y memorial de la pascua de Cristo, que comprende, en cuanto banquete pascual, tanto el misterio de la pasión como el de la resurrección.

La Iglesia nunca ha separado la Pasión de la Resurrección ("Y si Cristo no resucitó, vana es nuestra predicación. Vana es nuestra fe", I Cor 15, 14), pero tampoco ensalza la Resurrección por encima de la Pasión, ni pretende igualar a ambas respecto a las causas de nuestra salvación.

Apartado 2: La Redención, misterio de amor y de justicia

Se ha comprobado en la historia de la Iglesia Católica cómo las herejías, en muchos casos, se originan en la pretensión de algunos cristianos de querer acentuar de manera desequilibrada diferentes aspectos de los misterios de la fe que parecen contraponerse entre sí y que, precisamente, la Autoridad magisterial, con la asistencia del Espíritu Santo y un esfuerzo de penetración interpretativa notable, mantenía incólumnes en perfecto equilibrio, advirtiendo a los obstinados que se debían aceptar *todos los datos del misterio* involucrados si no se quería caer en el desvío, en el error y, finalmente, en la pérdida de la fe (ejemplo típico de esto, las herejías cristológicas que destacan la naturaleza humana de Cristo en detrimento de su naturaleza divina, o viceversa).

¿Por qué comentamos esto? Porque se debe tener presente que varias de estas teorías litúrgicas "nebulosas" (cfr. Mediator Dei, N°205) dependen en gran medida del desequilibrio producido por los teólogos modernistas al rechazar la concepción ortodoxa de la Iglesia referida a la redención como *misterio de amor y justicia*, incluyendo la noción de satisfacción vicaria.

En efecto, la nueva teología, pretendiendo exaltar la liberalidad de Dios en la obra de Creación, considera que se la ensombrecería si se hiciese de Dios un celoso defensor de su propio honor. De este modo, afirma que el amor que Dios nos tiene no disminuye nunca, aunque nuestros corazones se cierren a este amor. Como el amor de Dios continúa a pesar del pecado, y como su justicia no exige ninguna compensación, sería contrario a la bondad de Dios el infligirnos penas como consecuencia de nuestras faltas. Se olvida la enseñanza de san Pablo, según la cual el pecado provoca la cólera de Dios, que se manifiesta aquí en la tierra con la asignación de penas (Heb 3, 9-11) pero que brillará en el Juicio Final. Esto ha tenido influencia incluso en las posturas sobre el dogma del infierno al que se lo considera solamente como una autoexclusión del hombre fuera del amor divino y nunca como una pena infligida por Dios al hombre obstinadamente pecador (podría decirse que se quisiera aceptar lo de *pena de daño* pero se rechazaría la idea de *pena de sentido*). Por eso, algunos teólogos ya hablan de un "infierno vacío" debido a que, según ellos, "nadie debe ser excluido de la misericordia infinita de Dios".[24]

Por consiguiente no aparece más la necesidad de satisfacer a la justicia divina, y la doctrina de la satisfacción vicaria de Cristo parece un escándalo. Esta visión heterodoxa, lamentablemente, aparece en un documento de la Comisión Teológica Internacional (CTI), que utilizará la caricatura ("dios cruel") para cuestionarla radicalmente:

> "La muerte de Jesús no es el acto de un dios cruel que exige el sacrificio supremo; no es una "re-compra" de un poder alienante que ha hecho esclavos. Es el tiempo y el lugar en que Dios, que es amor y que nos ama, se hace visible. Jesús crucificado proclama lo mucho que Dios nos ama, y afirma que, en este gesto de amor, *un ser humano* [?] ha dado un asentimiento incondicional a los caminos de Dios

---

24 En el Concilio Vaticano II (1962-1965) un padre conciliar pidió que se declarase que había, de hecho, condenados en el infierno, porque si no el infierno sería una mera hipótesis. La Comisión teológica juzgó que no era necesario introducir esa declaración porque los textos del Nuevo Testamento citados en el documento conciliar tienen forma gramatical futura; no son verbos en forma hipotética o condicional, sino en forma futura. "Irán" supone, como es obvio, que alguien irá. Aunque, curiosamente, la palabra "infierno" no aparece en ningún documento conciliar, la Constitución Dogmática sobre la Iglesia *Lumen Gentium*, en su N°48, §4 afirma: "En efecto, antes de reinar con Cristo glorioso, todos debemos comparecer ante el tribunal de Cristo para dar cuenta cada cual según las obras buenas o malas que hizo en su vida mortal; y al fin del mundo *saldrán los que obraron el bien para la resurrección de vida, los que obraron el mal, para la resurrección de condenación* (Io 5, 29; cf. Mt 25, 46)".

(CTI, *Cuestiones selectas sobre Dios Redentor*, parte II, N°10, Documentos 1969-1996, BAC, 1998, p. 515, destacado y signo de interrogación nuestro).

Cuando considera las tesis del jesuita Karl Rahner, el documento se hace eco de ciertas reservas en algunos puntos; pero, en cambio, admite explícitamente como válida la doctrina de este teólogo cuando rechaza la satisfacción vicaria:

> "Rahner es muy reservado con respecto a la idea de sacrificio expiatorio, que describe como una *noción antigua* que se presuponía *válida en los tiempos del Nuevo Testamento*, [?!!] pero que 'hoy nos presta poco auxilio para la inteligencia buscada', es decir, para la significación causal de la muerte de Jesús. (...) La teoría de Ranher *es de un valor indiscutible* al poner el énfasis en la iniciativa amorosa de Dios y en la respuesta apropiada de confianza y gratitud. Se separa de *las limitaciones legalistas y moralistas de algunas teorías anteriores*" (CTI, *Cuestiones selectas sobre Dios Redentor*, parte III, N°30 y 32: Documentos 1969-1996, BAC, 1998, p. 532-533, subrayados y "asombro" nuestros).

Preguntamos: ¿las nociones "válidas en los tiempos del Nuevo Testamento" pueden ya no ser válidas ahora? ¿Dónde queda la estabilidad de la fe con afirmaciones semejantes? ¿Se referirán con lo de "las limitaciones legalistas y moralistas de algunas teorías anteriores" a lo que definía dogmáticamente nada más y nada menos que el Concilio de Trento?:

> "Si alguno no confiesa que el primer hombre Adán, al transgredir el mandamiento de Dios en el paraíso, perdió inmediatamente la santidad y justicia en que había sido constituido, e *incurrió* por la ofensa de esta prevaricación *en la ira y la indignación de Dios* y, por tanto, en la muerte *con que Dios antes le había amenazado*...sea anatema" (Dz 788, subrayados nuestros).

Podríamos ver en posturas como las de la CTI ese desequilibrio del que hablábamos, en tanto el Magisterio se ha esforzado en mantener –contra esa especie de "magisterio paralelo" en que se han constituido muchos teólogos de hoy– *todos los datos del misterio* que, en este caso, son, por un lado, el amor de Jesucristo, primero para con su Padre y, después, para con los hombres, y por otro lado, el acto de justicia por la ofensa inferida. Y téngase en cuenta que *la doctrina de la satisfacción vicaria* no es una mera opinión teológica sino una **sentencia próxima a la fe**, a punto de definirse como dogma en el Concilio Vaticano I (1869). [Dz 2318]

Hablar de un "dios cruel y **vengativo**", una pieza de grosero antropomorfismo, viene de confundir el pecado de venganza y la virtud de justicia. La doctrina de la satisfacción vicaria de Cristo muestra cómo la Redención fue obra de justicia, o mejor, de religión (como virtud); y por eso mismo, obra de mayor amor caritativo y misericordioso. La nueva teología pone el acento como único fin de la creación en la perfección y felicidad del hombre. La Redención es obra de justicia: por eso Cristo nos redimió por medio de un Sacrificio que es el acto más perfecto de la virtud de religión, devolviendo al Padre la gloria que el hombre le había negado.

Obra de superlativa **justicia**, la Redención es, *por eso mismo*, primera y principalmente obra de **amor**. Si Jesucristo se entregó a sí mismo como víctima de reparación, fue movido por el inmenso amor a su Padre que ardía en su corazón, cuyo nombre había sido ultrajado por los hombres. La nueva teología se jacta de devolverle al misterio de nuestra salvación la primacía del amor, pero su antropocentrismo le hace olvidar **que el amor primero que movió a Nuestro Señor no es el amor a los hombres sino el amor al Padre**, como lo enseña Pío XII en su encíclica *Haurietis Aquas*, sobre el Sagrado Corazón:

> "El misterio de la divina Redención es ante todo y por su propia naturaleza, un misterio de amor: esto es, un misterio de AMOR JUSTO DE PARTE DE CRISTO PARA CON SU PADRE CELESTIAL, a quien el sacrificio de la cruz, ofrecido con corazón amante y obediente, presenta una satisfacción sobreabundante e infinita por los pecados del género humano" (N°10).

Hablar de un "dios **injusto**" ignora el hecho de que Jesús, la cabeza jurídica de la humanidad (Ef I, 22), voluntariamente se ofreció (Jn 10, 15) y que pudimos ser salvados por la gracia de un Salvador, aun cuando hemos estado perdidos por la falta de un Adán (Rom 5, 15). Sería en verdad una concepción cruda suponer que la culpa o culpabilidad de los hombres pasó de sus conciencias a la conciencia de Cristo: la pena solo fue asumida voluntariamente por el Redentor y, pagándola, El lavó nuestros pecados y nos restauró sobrenaturalmente.

La doctrina de la Iglesia siempre caracterizó a la Redención como **una obra de amor, pero de un amor que apacigua la justicia divina**.

> "Cristo, sufriendo por caridad y obediencia, ofreció a Dios algo de mayor valor que lo que exigía la compensación por todas las ofensas hechas a Dios por el género humano" (Santo Tomás de Aquino, S.Th III, q. 48. a2.).

Y el Papa Pío XII enseñaba en esa misma encíclica:

> "Por lo tanto, el Divino Redentor, en su cualidad de legítimo y perfecto Mediador nuestro, habiendo conciliado bajo el estímulo de una caridad ardentísima para con nosotros, las **obligaciones** y compromisos **del género humano con los derechos de Dios**, ha sido sin duda el autor de aquella maravillosa **reconciliación entre la Divina Justicia y la Divina Misericordia**, que justamente constituye la absoluta trascendencia del misterio de nuestra salvación" (*Haurietis aquas*, 15 de mayo 1956, (N°10).

III

SÍNTESIS DEL ANÁLISIS DEL NOVUS ORDO MISSÆ DE PAULO VI

Como hemos señalado más arriba, la influencia de un falso ecumenismo en la liturgia ha promovido alteraciones, supresiones, reducciones y cambios en el "acento" de algunas expresiones, las que –en general– parecen dirigidas a no "herir" las creencias protestantes.

Frente a las afirmaciones heréticas de Lutero y sus seguidores, el Concilio de Trento reafirmó la doctrina invariable de la Iglesia Católica, y sobre el Santo Sacrificio de la Misa definió en particular los cuatro puntos siguientes:

1° En la Eucaristía, la presencia de Cristo es verdadera, real y substancial. (Dz 874, 883)

2° La Santa Misa es un verdadero sacrificio, es substancialmente el sacrificio de la Cruz. (Dz 940)

3° El papel del sacerdote en el Santo Sacrificio de la Misa es esencial y exclusivo: el sacerdote y solo él, ha recibido, por medio del Sacramento del Orden, el poder de consagrar el pan y el vino para que se conviertan en el Cuerpo y la Sangre de Cristo. (Dz 938, 949)

4° La Misa no es solo sacrificio de alabanza y de acción de gracias, o mera conmemoración del sacrificio cumplido en la cruz, sino también propiciatorio. (Dz 950)

• El análisis comparativo obligará a comprobar –como ya anticipamos– que, por el contrario, en el Nuevo Orden de la Misa de Paulo VI:

1°) Se ha puesto en un plano de igualdad la presencia de Cristo en su Palabra y en su pueblo, con la presencia sacramental transubstanciada de Cristo como Sacerdote y Víctima.

2°) El centro gravitacional en la estructura de la misa ya no se ubica en el sacrificio sino en el banquete conmemorativo.

3°) Se tiende a borrar la distinción esencial entre el Sacerdocio universal de los fieles y el Sacerdocio Sacramental y a eliminar el papel del Sacerdote como intermediario entre Dios y los fieles, reduciéndolo a un mero presidente de la Asamblea litúrgica.

4°) La dimensión eucarística (de acción de gracias), como consecuencia, tendrá absoluta prioridad sobre la finalidad satisfactoria (propiciación), que queda totalmente relegada, si no eliminada.

En los últimos tiempos se ha comenzado a denunciar un poco más abiertamente la existencia de ese "proceso de protestantización" (que ya mencionamos páginas atrás) en la Iglesia Católica que abarca casi la totalidad de los diferentes ámbitos de la vida católica, es decir, no solo lo referente a la liturgia, sino también a la formación de los sacerdotes, las órdenes religiosas, la dogmática, la práctica sacramental, la catequesis, los principios hermenéuticos y de exégesis de la Sagrada Escritura, la moral en todas sus aplicaciones, etc.

Para que se vea que no se trata de algún tipo de "paranoia" teológica lo que nos lleva a afirmar lo que antecede (y que pretendemos dejar probado con el análisis comparativo de este libro entre los dos ritos de la misa romana), apelaremos a algunas voces autorizadas (varias de las cuales no pueden ser tachadas de "integristas" precisamente) que hablaron en este sentido y refiriéndose específicamente al campo de la liturgia.

En primer lugar, y respecto al Nuevo Orden de la Misa de Paulo VI, la denuncia de la protestantización fue rápidamente encabezada por el conocido (pero siempre silenciado y jamás refutado) *Breve Examen Crítico del N.O.M.* de los cardenales Ottaviani y Bacci que ya hemos citado. En él puede leerse entre otras cosas, específicamente sobre el carácter protestantizante del nuevo rito, lo siguiente:

"Aquí se ordena hacer tabla rasa de toda la teología de la Misa. En pocas palabras, se acerca a esa *teología de los protestantes*, que ya abolió y destruyó totalmente el Sacrificio de la Misa" (op.cit., pág. 15).

"Por consiguiente, nada extraño que tanto este Ordo como la Missa normativa agraden en muchos puntos a aquellos que entre los mismos *protestantes* son más modernistas" (pág. 21).

Con respecto al punto 3), definido en Trento, el Breve Examen apunta:

"Ni una palabra siquiera acerca del poder del sacrificador, sobre su acto consagratorio, por medio del cual se renueva realmente la Presencia eucarística. Y de este modo, el *sacerdote católico ya reviste la figura de un ministro protestante*" (pág. 71).

Y sobre la transubstanciación y la naturaleza sacrificial de la Misa (puntos 1 y 2 definidos por el Concilio de Trento):

"De este Canon [habla específicamente de la Oración Eucarística 2] se ha escrito, entre otras cosas, que un sacerdote sin fe en la transubstanciación y en la naturaleza sacrificial de la Misa puede usarlo con tranquilidad de espíritu para celebrar su Misa; y que por lo tanto, tal Misa también puede ser dicha sin ninguna dificultad por un *ministro protestante*" (pág. 89). "De lo dicho es evidente que el Novus Ordo ya no quiere seguir expresando la Fe de Trento" (pág. 93). "Se han introducido elementos por los cuales se rebaja el Rito Romano, acercándose al nivel de *ciertos ritos de los Reformadores* (y ni siquiera de aquellos que más se aproximan a la Fe católica) (pág. 97).

Para aquellos católicos que, de manera superficial, consideran todas estas discusiones como *bizantinismos* que lo único que hacen es perder el tiempo, vaya esta advertencia del papa León XIII en la encíclica *Satis Cognitum* (29-6-1896).

"Nada es más peligroso que esos heterodoxos que, conservando en lo demás la integridad de la doctrina, **con una sola palabra,** como gota de veneno, corrompen la pureza y sencillez de la fe que hemos recibido de la tradición dominical, después apostólica" (N°17).

Y el director del Instituto Litúrgico de Ratisbona, Klaus Gamber, que fuera maestro en liturgia del actual pontífice, Benedicto XVI, decía:

"La meta de los reformadores no era obtener la mencionada mayor participación activa de los fieles, sino **fabricar un rito que interpretara su nueva teología**, aquella misma que está en la base de los nuevos catecismos escolares. Ya se ven ahora las consecuencias desastrosas que no se revelarán plenamente sino en el giro de cincuenta años" (…)

Un testigo privilegiado de todo este proceso fue el cardenal Alfons M. Stickler, fallecido en diciembre de 2007. Actuó como perito en la Comisión de Liturgia del Concilio Vaticano II. En un ensayo de 1997, *Die heilige Liturgie*, señaló algunas de las desviaciones de la reforma llevada a cabo por la comisión creada por el papa Paulo VI. Respecto al aspecto sacrificial del nuevo ordo decía:

"El centro esencial, la acción sacrificial en sí misma, sufrió un perceptible desvío hacia la Comunión, habiendo sido el Sacrificio de la Misa en su totalidad transformado en una comida eucarística, mientras que en la conciencia de los creyentes los componentes integrantes de la Comunión reemplazaron al componente esencial del acto transformador del sacrificio. El cardenal Ratzinger también ha determinado expresamente, en referencia a las más modernas investigaciones dogmáticas y exegéticas, que es teológicamente falso comparar la comida con la Eucaristía, lo que ocurre prácticamente siempre en la nueva liturgia".

Monseñor José Guerra Campos, obispo español que participó del Concilio Vaticano II, comprobaba en 1980 que estaban ocurriendo "tantas cosas extrañas" en la Iglesia católica en la España posconciliar, "que su acumulación –decía– anula ya la extrañeza, convirtiendo lo deforme en algo acostumbrado. Y se preguntaba acto seguido:

"¿No demuestra esto precisamente que está en marcha un proceso de protestantización de la Iglesia en España?".

El conocido libro de Ralph M. Wiltgen, *El Rin desemboca en el Tíber*, muestra documentadamente y de manera objetiva cómo la influencia protestantizante llegó a Roma gracias a la mayoría de los obispos de los países bañados por el Rin (Alemania, Austria, Suiza, Francia y Holanda) y de la vecina Bélgica, y cómo estos grupos –al actuar de manera coordinada en las sesiones del Concilio Vaticano II– pudieron influir de manera decisiva en la redacción final de los dieciséis documentos conciliares. En ellos se pudo incluir afirmaciones ambiguas, y términos y expresiones equívocas que –luego se vio claramente– influyeron en la difusión y consolidación de posturas teológicas de dudosa ortodoxia (algunas de ellas, francamente, heréticas) que habían sido enseñadas en los años previos por parte de los teólogos que representaban la corriente denominada "Nueva Teología" (*Nouvelle Theologie*) y cuyas posiciones principales fueron condenadas por Pío XII en la encíclica *Humanis generis* (12-8-1950). Estas posturas terminaron por prevalecer en las cátedras universitarias y en los seminarios y fueron puestas al alcance del fiel común, en la catequesis, revistas, conferencias, etc., reflejándose especialmente en la propia liturgia.

El cardenal primado de Holanda, Adrianus Simonis, afirmaba en la revista 30Días de octubre de 1995 (destacados nuestros):

"La situación de la Iglesia es hoy dificilísima. Puede uno preguntarse si no está en acto, en el mundo del Oeste, una sedicente *segunda Reforma*. Hablo de una situación semejante a la del siglo XVI, que laceró a la Iglesia. (...) *Esta segunda Reforma me parece aún más peligrosa que la primera*".

El cardenal británico Basil Hume, según un informe de The Catholic Herald publicado el 3 de setiembre de 1999, lamentaba, muy poco antes de su muerte, el hecho de que los católicos de su país hubiesen perdido la devoción por la Eucaristía, base de la Fe católica, asimilándose así al cristianismo *protestante*.

El cardenal Godfried Danneels, de Bruselas, ("que ciertamente no puede ser tomado por retrógado", como comentaba el mismo cardenal Stickler) manifestó en una entrevista al Catholic Times el 12 de mayo de 2000, que la crisis de las vocaciones sacerdotales ha llegado a ser tan severa que pone en riesgo la existencia misma de la Iglesia católica en Europa y arriesga su reducción a un cristianismo de tipo *protestante*:

> "Sin sacerdotes, la vida sacramental de la Iglesia terminará por desaparecer. Vamos a transformarnos en protestantes, sin sacramentos. Vamos a ser otro tipo de iglesia, no católica".

Y en declaraciones a la revista *America*, julio-agosto de 2001, afirmó:

> "Los sacramentos han dejado de ser el centro de gravedad para la pastoral católica. (…) Como resultado, la liturgia corre el peligro de ser dominada, en gran parte, por un exceso de palabras o, de ser considerada meramente como un modo de recargar las pilas para tomar parte en el servicio y en la acción social. La Iglesia parece ser nada más que un sitio donde uno habla y donde se pone al servicio del mundo. La vida sacramental está cambiando su puesto desde el centro de la Iglesia, a la periferia". (…) ¿Será tal vez comparable a una lenta e inconsciente *protestantización* de la Iglesia desde adentro?"

El que luego fuera cardenal, el P. Antonelli, OFM, fue un testigo directo de toda la reforma ya que fue miembro del *Consilium ad exequendam Constitutionem de Sacra Liturgia* (Consejo para la aplicación de la Constitución sobre la Sagrada Liturgia) y de ninguna manera puede decirse de él que estuviera prevenido contra el P. Bugnini y la orientación impresa a la reforma litúrgica. Cuando el papa Pablo VI excluye al P. Antonelli de la escena de la reforma, el padre se limita a escribir, refiriéndose a Bugnini:

> "Podría decir muchas cosas de este hombre. Debo añadir que siempre ha sido sostenido por Pablo VI. No quisiera equivocarme, pero la laguna más notable en el P. Bugnini es su falta de formación y de sensibilidad teológica. **Tengo la impresión de que se ha concedido mucho, sobre todo en materia de sacramentos, a la mentalidad protestante…**". (*El cardenal Fernando Antonelli y los desarrollos de la reforma litúrgica de 1948 a 1970*, de Nicola Giampietro, OFM., Ediciones Cristiandad, Madrid, 2005, pág. 279).

Jean Guitton, amigo personal de Paulo VI, único laico que hizo un discurso en el Concilio Vaticano II, hacía las siguientes observaciones sobre la nueva misa (los signos de interrogación y los destacados son nuestros) en diálogo con Francesca Pini, *L'infinito in fondo al cuore*, Ed. Mondadori, Milán, 1998:

"Antes del Concilio, la Misa era la Misa. Evidentemente era en latín, no se entendía nada [?], pero se tenía la impresión [?] de que era la Misa. Sin embargo, **ahora se tiene la sensación de que ella sea la traducción de un servicio protestante.** Desde mi punto de vista, la reforma deseada por el concilio [Vaticano II] era buena; claro que ella no quería que la Misa, la Eucaristía, fuesen sacrificadas, ni principalmente reducida a lo que los protestantes hacen durante su ceremonia, que llamamos cena. Por ejemplo, cuando se decidió que el sacerdote no la celebrase más vuelto hacia el altar, dando las espaldas a los fieles, sino vuelto hacia ellos, fue ejecutada una reforma decisiva que realmente perturbó a muchos cristianos. Con razón [?] se quiso celebrar la liturgia en la lengua común –para que los fieles la comprendiesen–, pero sin querer abolir lo sagrado. *Hoy prácticamente, la Eucaristía no tiene más el carácter sagrado, serio y divino que tenía en el pasado (…)".* (op.cit., pág. 103).

Debe saberse que en el *Consilium* (la comisión para aplicar la reforma) se permitió la participación de seis "observadores" protestantes, pero que parece que no se limitaron a ese papel sino que intervinieron activamente.[25] De esa actitud da fe monseñor W. Baum (director ejecutivo de la "American Catholic Bishop's Comission on Ecumenical Affairs", ahora cardenal de la Iglesia), quien hizo la siguiente afirmación en un reportaje en el Detroit News del 27-6-1967:

"Ellos no están ahí simplemente como observadores, sino también como consultores, y participan plenamente en las discusiones sobre la renovación de la liturgia católica. No significaría mucho que solo oyeran, *ellos han contribuido".* (destacado nuestro)

Esto se lo confirmó por escrito al estudioso Michael Davies, uno de esos observadores, el reverendo anglicano Ronald Jasper, de la Comisión Litúrgica de la Iglesia de Inglaterra.

---

25 El 23 de agosto de 1966, la lista de los "Observadores", aprobada por la Secretaría de Estado y por la Congregación de la Doctrina de la Fe, quedó integrada por:

de la Comunidad Anglicana:
1 – Rev. Ronald C. D. Jasper, presidente de la Comisión de Liturgia de la Iglesia anglicana de Inglaterra.
2 – Rev. Dr. Massey H. Shepherd Jr., professor «Church Divinity School of the Pacific», California –USA.

del Consejo Mundial de Iglesias:
3 – Prof. A. Raymond George, miembro de la Conferencia Metodista, director de «Wesley College» de Headingley, Leeds, Inglaterra.

de la Federación Luterana Mundial:
4 – Pastor Friedrick-Wilhelm Künneth, de Ginebra, secretario de la Comisión «for Worship and spiritual Life», substituido en 1968 por:
5 – Rev. Eugene L. Brand, Metodista de Nueva York.

Finalmente, *la Comunidad de Taizé* escogió a:
6 – Pastor Max Thurian, vice-prior de la Comunidad.

Y el prior de Taizé, el hermano Roger Schutz, dijo en una conferencia (el vice-prior de esa comunidad ecuménica, Max Thurian, integraba la comisión de observadores protestantes del *Consilium*):

> "Las nuevas preces eucarísticas presentan una estructura que corresponde a la Misa luterana" (cit. en "Itinéraires", N°218, diciembre de 1977).

Creemos que basta esta pequeña muestra de citas para probar que no estamos solos al sostener la influencia notable de ideas protestantes en la reforma litúrgica de 1969. El autor principal de esta verdadera "revolución", Monseñor Bugnini, afirmaba en el L'Osservatore Romano (19-3-1965):

> "La oración de la Iglesia no debe contrariar a nadie".

Y como si no fuera inevitable que "la oración de la Iglesia" moleste a quien no tiene la fe de la Iglesia, continuaba diciendo que:

> "[Hacía falta] rechazar todo obstáculo que pudiese constituir incluso la sombra de un riesgo de dificultad o de disgusto para nuestros hermanos separados".

Y por si alguien piensa que el arzobispo Bugnini actuó por su cuenta y no *cum Petro e sub Petro* [con Pedro y bajo Pedro] siguiendo de un modo honesto y honorable la voluntad del Papa en este campo, vayan estas declaraciones suyas consignadas por Gottardo Pasqualetti IMC, en el prefacio al libro de Bugnini *La reforma de la liturgia 1948-1975*:

> "La gente tiene que saber qué parte de la reforma es obra de Pablo VI y qué parte es fruto del trabajo de sus humildes y fieles seguidores". Y en otra parte: "He cumplido fielmente la voluntad de Pablo VI y el concilio".

En definitiva, el problema real para los reformadores no era si el Nuevo Orden de la Misa mantenía lo bastante de su carácter católico como para ser aceptable al creyente católico, sino si era suficientemente "ecuménico" como para satisfacer a los protestantes.

RESUMEN DE LAS VARIACIONES PRINCIPALES DEL NUEVO ORDEN DE LA MISA DE PAULO VI

Se puede concluir en vista de todo lo dicho que la Misa antigua era un grave obstáculo para "reconstruir la unidad" con los reformadores del siglo XVI. Ella afirmaba con precisión, sin lugar a dudas, la fe católica que niegan los protestantes, y que se resume en tres puntos esenciales:

1. En la Eucaristía, la presencia de Cristo es verdadera, real y substancial.

2. La Misa es un verdadero sacrificio, hay oblación de una víctima, es el sacrificio de la Cruz actualizado, verdadero sacrificio propiciatorio o expiatorio para el perdón de los pecados, y no solo un sacrificio de alabanza o de acción de gracias, ni solamente una comida fraternal.

3. El papel del sacerdote en el Santo Sacrificio de la Misa es esencial y exclusivo: el sacerdote, y solo él, ha recibido por medio del Sacramento del Orden, el poder de consagrar.

Aquí haremos una referencia general a estos tres puntos. El análisis específico lo reservamos para la comparación entre los dos ritos (la Tercera Parte de este trabajo).

1. En la nueva Misa, la **Presencia real** bajo las especies eucarísticas no ocupa ya el papel central que tenía en la antigua liturgia eucarística. Los gestos y signos con los que se expresaba espontáneamente esa fe han sido suprimidos o gravemente alterados, ayudado esto por la asimilación equivalente de las dos partes de la Misa puesto que se afirma sin hacer ninguna distinción ni aclaración, que en la Misa *se prepara la mesa, tanto de la palabra de Dios, como del Cuerpo de Cristo,* de la cual los fieles son instruidos y alimentados" (N° 28 de la IGMR, versión 2002). Además otras medidas atentan contra el dogma de la Presencia real:

• se eliminaron todas las genuflexiones, salvo tres por parte del sacerdote y una por parte del pueblo en el momento de la Consagración (y ésta, sometida a muchas excepciones).

• se eliminaron las abluciones de los dedos sobre y dentro del cáliz.

• se eliminó la preservación de los mismos dedos de cualquier contacto profano después de la Consagración.

• la purificación de los vasos sagrados no se manda hacer necesariamente de inmediato después de la sunción del cáliz, ni sobre el mismo corporal.

•se retiró el sagrario,[26] frecuentemente relegado a un rincón del templo.

• se eliminó la palia, con la cual se protegía la Preciosísima Sangre de Cristo.

• ya no es necesario el dorado de los vasos sagrados…

• ni la consagración del altar móvil…

• ni la piedra sagrada y las reliquias en el altar móvil.

• se eliminaron los tres manteles del altar, de los cuales ahora solo se prescribe uno.

• las prescripciones antiguas en el caso de que la Hostia consagrada cayera en tierra, se reducen a solo esto: "Tómese reverentemente la hostia". (cfr. Breve Examen…, pág. 49-51).

---

26 La retiración del sagrario contradice directamente las disposiciones que existían antes de la reforma litúrgica. "En la instrucción del Santo Oficio *De arte Sacra*, del 30 de junio de 1952, la Santa Sede insiste entre otras cosas en este punto: '…La Santísima Eucaristía debe ser mantenida en el más distinguido y honorable lugar en el templo …El Santísimo Sacramento debe ser mantenido en un tabernáculo inamovible colocado en el medio del altar'. Hay un punto, no tanto acerca de la presencia material del tabernáculo sobre el altar, sino referido a una tendencia respecto de la cual queremos llamar vuestra atención, que es una disminución de la estima hacia la presencia y acción de Cristo en el tabernáculo. Se considera que el sacrificio del altar es suficiente y en consecuencia se reduce la importancia de Aquel que lo cumple. Sin embargo, la persona de Nuestro Señor debe tener el lugar central en el culto, porque es Su persona la que unifica la relación del altar con el tabernáculo y les da su significado. (…) **Separar el tabernáculo del altar es separar dos cosas que por su origen y naturaleza deben permanecer unidas**" (Pío XII, *Discurso al Congreso Internacional de Pastoral Litúrgica*, 22 de septiembre de 1956). Una de las tantas incoherencias de la IGMR se refiere al "lugar de la reserva de la Santísima Eucaristía" (N°314-317). Mientras en el N° 314 dice: "Consérvese el Santísimo Sacramento en el Sagrario, **en la parte más noble de la iglesia, insigne, visible, hermosamente adornada y apta para la oración** [¿cuál es ese lugar sino el centro del ábside en el presbiterio?], en el N° 315 recomienda: "…en el altar que se celebra la Misa no haya sagrario… por esto es preferible que el tabernáculo sea colocado de acuerdo con el parecer del Obispo diocesano: a) o en el presbiterio, **fuera del altar de la celebración…, sin excluir el antiguo altar** que ya no se emplea para la celebración"; o también **en alguna capilla idónea para la adoración y la oración privada de los fieles**, que esté armónicamente unida con la iglesia y sea visible para los fieles". Como se ve mientras al inicio se prescribe que el Santísimo sea ubicado en la parte más noble, líneas más abajo se habla de retirarlo a "alguna capilla idónea". Y la referencia para utilizar el "antiguo altar" lo único que hace es provocar que el sacerdote al celebrar la Misa "versus populum" (hacia el pueblo) le dé la espalda a Cristo en el sagrario, en detrimento evidente de la Presencia real, pero en coherencia perfecta con la idea protestante de la misa como cena [¿acaso el anfitrión le da la espalda a sus invitados en una comida?].

• En la recepción de la comunión se ha establecido ampliamente una actitud desacralizante: la de recibirla de pie y en la mano,[27] en lugar de hacerlo de rodillas y en la boca, en signo de adoración y de respeto. Y recuérdese que la comunión en la boca es un claro signo no solo de la presencia real y sustancial del Señor sino también de la distinción esencial entre el sacerdocio común de los fieles y el sacerdocio ministerial.

• la postura de pie después de la consagración.[28]

Todas estas alteraciones van dirigidas en un mismo sentido: poner "en retirada" el dogma de la presencia real.

2. En la nueva Misa el acento está puesto evidentemente en la **celebración como comida**.

La substitución del altar del sacrificio por una mesa cara al pueblo indica ya de por sí una orientación en ese sentido. La *Liturgia de la Palabra* ha tomado tal amplitud que ocupa la mayor parte de la nueva celebración y, por lo mismo, disminuye la atención debida al misterio eucarístico y a su sacrificio. Y es un sacrificio no solo de alabanza y acción de gracias, como podrían admitir los protestantes, sino de *expiación* e *impetración*.

El nuevo Ofertorio es "una revolución" (cardenal Stickler). Ya no aparece como el antecedente del sacrificio sino, solamente, como una *preparación de los dones*, con sentido evidentemente humanizado, lo que impresiona como artificioso del principio al fin. Además, esta sustitución viene a ser

---

27 Es sabido que la comunión en la mano fue introducida **sin autorización**, contrariando la Ley eclesiástica vigente en una muestra de indisciplina e individualismo, en algunos países de Europa, especialmente los de mayoría protestante. La Iglesia no permite, sino que **tolera** la comunión en la mano, por ello, los que comulgan en la mano **hacen uso de un indulto**. En los últimos años, los abusos y profanaciones han sido tantos que las autoridades de Roma están pensando seriamente en prohibir en toda la Iglesia dicha práctica. El secretario de la Sagrada Congregación para el Culto Divino, Alberto Malcolm Ranjith Patabendige afirma: "Hoy en día creo que se ha llegado al momento de valorar bien la susodicha práctica [se refiere a la comunión en la mano] **y, si es necesario, abandonar la práctica** que no ha sido indicada en la Sacrosanctum Concilium, ni por los Padres conciliares, sino fue insertada después de una introducción abusiva en algunos países". Y respecto a recibir de pie la comunión, agrega: "El modo mejor para expresar nuestro sentimiento de reverencia hacia el Señor Eucarístico es el de seguir el ejemplo de Pedro que como nos cuenta el Evangelio se arrojó de rodillas delante del Señor y dijo: 'Señor, apártate de mí, que soy hombre pecador' " (prólogo al libro *Dominus est*, del obispo Athanasius Schneider, 25-1-2008).

28 Cuando a san Pío X le argumentaron a favor de la comunión de pie alegando que los israelitas comieron así el cordero pascual, les contestó: "El cordero pascual era *typo* (símbolo, figura, promesa) de la Eucaristía. Pues bien, los símbolos y promesas se reciben de pie, **mas la realidad se recibe de rodillas y con amor**".

algo propiamente grotesco, pues significa la ofrenda de unas migajas de pan y de unas gotas de vino, frutos de la tierra y del trabajo del hombre, que se atreve a presentar al Dios soberano. Los paganos, por cierto, ofrecen cosas más importantes (un toro u otro animal) cuya inmolación suponía para ellos un verdadero sacrificio. Lutero reaccionó de modo violento contra el Ofertorio. Sabía que la sola ofrenda de la Víctima era una clara afirmación de que se trataba de un verdadero sacrificio, y de un sacrificio expiatorio.

> "La Misa no es un sacrificio, no es el acto de un sacerdote supremo ofreciendo un sacrificio. Considerémosle como un sacramento, o un testamento. Llamémosle una bendición, o eucaristía, o la Mesa del Señor, o el memorial del Señor. O démosle cualquier título que nos guste, con la condición de que no se mancille con el término de sacrificio o representación".

Los nuevos liturgistas, demasiado aferrados a la letra del rito, interpretaron que allí se trataba de una "anticipación". Pero se equivocan. La intención de la Iglesia, expresada por el sacerdote, es la de ofrecer **la misma Víctima del sacrificio** (y no el pan y el vino). Es cierto que en la Misa todo se realiza en el *momento exacto* de la Consagración, pero, como no se pueden expresar a la vez todas las riquezas espirituales del misterio eucarístico, la liturgia de la Misa las expone a partir del Ofertorio. Además, es una comprobación obvia que la inmolación y el sufrimiento no aparecen solo inmediatamente a la oblación de la víctima. Basta con que haya una relación *intencional* entre la ofrenda y la inmolación. Por ejemplo, si no se pierde de vista que todo esto es en vista de la inminente consagración, puede decirse que el sacrificio de un soldado o de una religiosa que se consagra al cuidado de enfermos *comienza a realizarse ya* en el momento en que parten para el frente o a las misiones caritativas. De manera *análoga* el ofrecimiento del pan y del vino *tienden* desde el Ofertorio y necesariamente hacia la transubstanciación de esta doble materia en el Cuerpo y Sangre de Jesucristo. En la Última Cena, Jesús "tomó pan", pronunció la bendición y dijo: Esto es mi Cuerpo. **El gesto del Señor es inseparable de lo que sigue: tomó pan PARA hacerlo su Cuerpo y ofrecerse por nuestra salvación.** "El pensamiento del sacerdote –escribe dom Guéranguer– va más allá del momento presente: desde ya piensa en la Hostia que estará sobre el altar en el momento de la consagración, Hostia que es la única verdadera".

En la nueva misa, el ofertorio de la Víctima del sacrificio ha sido suprimido, así como también los signos de cruz sobre las ofrendas, que eran una constante referencia a la cruz del Calvario.

Se suprimieron las siguientes oraciones: *Suscipe Sancte Pater*, el *Deus qui humanae*, el *Offerimus Tibi*, el *Veni Sanctificator*, el *Lavabo* y el *Suscipe Sancta*. Solamente se ha retenido el *Orate Fratres* y el *Suscipiat*. Más adelante dos gráficos muestran elocuentemente el porcentaje de texto eliminado que esto conlleva (pág. 91-92).

En cuanto al Canon, el celebrante puede elegir entre cuatro "Plegarias Eucarísticas".[29] La primera pretende ser el llamado "Canon romano" pero en realidad no es tal. Ha sido mutilado de varias maneras: se han suprimido genuflexiones y ya no está presignificado por el Ofertorio del sacrificio. Ha sido traducido de manera tendenciosa, escamoteando el rigor de la expresión de la fe católica. Y se ha hecho "intercambiable" con lo cual pierde totalmente el sentido de "canon", es decir, oración fija e inmutable. Si el "presidente de la Asamblea" prefiere no usarla, en cualquiera de las otras tres quedan suprimidas las cinco plegarias siguientes antes de la Consagración: *Te igitur, Memento Domine, Communicantes, Hanc igitur, Quam oblationem*, y queda modificado el *Qui pridie*. Después de la Consagración se suprimen las seis plegarias siguientes: *Unde et memores, Supra quae, Supplices te rogamus, Mementio etiam, Nobis quoque peccatoribus, Per quem haec*.

Súmese a esto que se habla en el Nuevo Ordo de la "narración de la institución y consagración" con lo cual se reafirma el sentido de memorial en el sentido protestante

Todas estas supresiones llevaron a que "el centro esencial, la acción sacrificial en sí misma, sufrió un perceptible desvío hacia la comunión, habiendo sido el Sacrificio de la Misa en su totalidad transformado en una comida Eucarística, mientras que en la conciencia de los creyentes los componentes integrantes de la Comunión reemplazaron al componente esencial del acto transformador del sacrificio". (…) Con esto el terreno queda preparado para otro cambio esencial: en lugar del sacrificio ofrecido por un sacerdote ungido como *alter Christus* viene la comida comunitaria de los fieles convocados bajo la presidencia del sacerdote" (cardenal Stickler).

3. En la Nueva Misa **el papel del sacerdote en la ofrenda del sacrificio queda totalmente oscurecido**. En efecto, en primer lugar, respecto del pueblo, de quien se lo presenta como un simple *presidente* de la asamblea,

---

29 En la práctica esto ha dado pie para una incesante innovación, hasta el punto de que hoy en día es imposible hacer una lista de todas las Plegarias eucarísticas que se han introducido y se emplean en las distintas diócesis.

más bien que como un *mediador,* un ministro consagrado que celebra en representación de Cristo; luego, respecto de la Iglesia, en cuanto que es propuesto como "uno del pueblo". También en la definición de la epiclesis las invocaciones se atribuyen en forma anónima e incierta a la Iglesia. El oficio de mediador, propio del sacerdote, desaparece. Ni una palabra acerca del poder del sacrificador, sobre su *acto consagratorio,* por medio del cual se renueva realmente la *Presencia eucarística.* El ministerio del sacerdote aparece disminuido y alterado, revistiendo la figura de un ministro protestante (*Breve examen del N.O.M.,* pág. 69).

Pero en la doctrina católica el sacerdote no es solo "un presidente de la asamblea", sino el que hace las veces de Cristo, "alter Christus" (otro Cristo); el intermediario entre Dios y los hombres, el *sacer-dotis,* mediador entre el Cielo y la Tierra, "dador de lo sagrado". El que presta sus manos y su boca a Cristo para que Él siga realizando su obra de salvación.

Contra esta noción fundamental del sacerdote como el hombre sagrado, el hombre "separado", y aprovechando una utilización deformada (desarrollada por los protestantes) de la legítima noción del "sacerdocio universal de los fieles" se alza una corriente desacralizadora que quiere igualar al sacerdote con los fieles laicos y transformarlo en un hombre "como los demás, que viste como los demás, que habla como los demás, que trabaja como los demás". Si "el sacerdote es un hombre como todos los demás" entonces deberá encontrar en el trabajo cotidiano los designios de Dios sobre el mundo. Además, reivindicará el derecho al matrimonio, a la libertad en la forma de vestirse, y a la participación activa en las luchas sociales y políticas; y así se adherirá a la lucha revolucionaria, en donde más que buscar convertir el corazón de los hombres, terminará blindándolos con la coraza del resentimiento.

En consonancia con esto, la liturgia también deberá adaptarse a esta horizontalización sacerdotal. Y entonces se propugnará una celebración eucarística sin lenguaje sagrado, como si se tratase de una comida en una vivienda normal: el "presidente" puede saludar a los participantes y manifestar su alegría por su presencia, éstos deben presentarse aunque sean unos desconocidos para los demás, etc. *Todo esto debe tener lugar con un aire festivo, pero en modo alguno de manera sacral.* Por todos los medios, a cualquier precio, para este modernismo desacralizante la acción sagrada debe quedar integrada, sin fronteras molestas, en el discurrir normal, práctico, del día, de manera que, como suele decirse, la acción sagrada se "humanice". Y por eso los saludos de trato usual que ya hemos visto (pág. 31). O, también, ver cómo en algunas parroquias los llamados "guías de misa" "anuncian" el ingreso del sacerdote con palabras más o menos como éstas: "Recibamos al padre Raúl, (o Juan, o Pedro) que va a presidir la celebración eucarística", como si tuviera alguna importancia para la liturgia saber cuál es el nombre de quien celebra.

Al mismo tiempo, esta horizontalización de la función sacerdotal deviene en una creatividad fabril que convierte a la Misa en un "espectáculo", en un festival, en una reunión placentera, cuyo centro ya no es el Dios vivo sino el sacerdote, transformado en "actor" principal y en "animador litúrgico".

Todas estas prácticas "divertidas" son motivadas por el erróneo "espíritu de novedad". Y la *novedad* es causa de *gula espiritual.* ¿Qué significa esto? Por gula espiritual se entiende el defecto del espíritu por el que se toma gusto y cuidado únicamente a las consolaciones físicas y espirituales que Dios envía, en lugar de utilizar esos consuelos como un medio de crecer en santidad. La gula espiritual ocurre cuando la gente realiza actos de piedad procurando una consolación o deleite que se deriva de la práctica misma, y así ese deleite –en vez de Dios– se convierte en el fin de ese acto de piedad (R.P. Chad Ripperger). Es el caso de esas personas que ante la pregunta de por qué asisten a misa, lo primero y casi único que dicen es: "Porque me hace bien", "porque me siento contenida" o cosas por el estilo.

Además, la gente se acostumbra a pensar que lo nuevo siempre es mejor y así cada cosa nueva les proporciona un nuevo deleite. De aquí se puede ver que la novedad puede fácilmente degenerar en un ansia por mantener al pueblo entretenido –lo que escuchamos tantas veces: "Así vienen más a misa"–, pero el peligro de esto es que al inducirnos a no ya poner nuestra atención en Dios, sino fijarla en aquella novedad que satisface nuestros apetitos, impide nuestro crecimiento espiritual.

Por el contrario, el ritual predeterminado por las leyes universales de la Iglesia evita que una única persona imponga su predisposición y las propias características espirituales (o lo que es peor: la falta de vida espiritual), a las personas que se encuentran en la misa. Dado que las personas difieren en sus disposiciones, cuando el ritual se convierte en *el producto de un individuo*, o incluso de unos pocos, éste pierde su interés para el resto de los fieles, que pueden no compartir las mismas disposiciones.

Esto previene, por un lado, el infortunado problema de aquellos que deambulan de parroquia en parroquia, intentando encontrar un sacerdote cuya elección de entre las "opciones" de misa esté de acuerdo con las propias disposiciones. Por otro, resguarda de las "invenciones" de oraciones creadas por las ocurrencias del sacerdote y por lo tanto, impide la inclinación de éste de imponer a gusto su propia disposición personal a aquellos que van a la misa. Hay incontables anécdotas en los últimos decenios sobre laicos y sacerdotes "violentados" después de asistir a una celebración litúrgica, debido a lo que el celebrante hizo o dijo. Los sacerdotes no deberían ser causa de enojo durante la misa. Si esto ocurre, corroen la mansedumbre en los laicos.

Lo que hoy se propicia es una liturgia en constante evolución, pero el que quiera verdaderamente contemplar debe "repetir" las mismas cosas, volver sobre ellas, "rumiarlas", solo así podrá profundizarlas, penetrarlas más y más. La repetición asegura que los apetitos, que constantemente procuran algo nuevo, no puedan satisfacerse. La repetición es un bien espiritual que solo puede apreciarse a un nivel intelectual y no sensible. Nuestros apetitos pueden experimentar el tedio al tener siempre idéntica experiencia; el intelecto, en cambio, es capaz de descubrir el valor de la misma cosa cada vez que la encuentra. Esto explica, por ejemplo, la viva simpatía que han tenido grandes santos, místicos y papas por una oración tan "repetitiva" (y "tediosa" según los criterios mundanos) como es el santo rosario.

La siguiente es la síntesis de las notas
que hemos colocado en el Estudio comparativo. De esta manera el lector encontrará
rápidamente el punto que le interese en particular con solo remitirse a la página
que está indicada entre paréntesis

---

1) El altar se "ha dado vuelta" *versus populum* (hacia el pueblo). **Eliminación** del salmo "Judica me" (*Júzgame*), con su referencia al "altar de Dios" que evoca inmediatamente la idea de sacrificio (pág. 95).

2) **Eliminación** del doble Confiteor que señalaba claramente la distinción entre sacerdote y fieles al ser rezado primero por aquél y luego por éstos. El sacerdote ya no es más juez, testigo y mediador ante Dios (pág. 97).

3) **Eliminación** de la oración "Aufer a nobis" (*Te suplicamos, Señor*). El sacerdote, haciendo explícita la **finalidad propiciatoria** del Sacrificio, mostraba su indignidad para celebrar el misterio (pág. 99).

4) **Eliminación** de la oración "Oramus Te Domine" (*Rogámoste, Señor*) por la que también invocaba los méritos e intercesiones de los Santos Mártires (pág. 101).

5) **Equívoca traducción** en el Gloria (pág. 101).

6) **Errónea traducción** en el Gloria que transforma en singular la referencia a los pecados del mundo (pág. 101).

7) Nueva organización de las lecturas para instrucción y edificación de la asamblea, subordinando el fin litúrgico al catequético. La función de lector se puede atribuir a un seglar (pág. 103).

8) **Homilía**. Indebido protagonismo del sacerdote (pág. 105).

9) **Equívoca traducción** en el Credo (pág. 105).

10) En el Credo, sugestivo **cambio de acento** sobre la relación entre Cristo y el poder temporal (pág. 107).

11) En el comienzo de la Liturgia Eucarística, la naturaleza misma de la oblación es **deformada** en un mero intercambio de dones entre Dios y el hombre. Este intercambio de dones se puede interpretar en **sentido subjetivista**, y no objetivamente (pág. 109).

12) **No se distingue** entre la ofrenda que se realiza por el sacerdote, en cuanto representa la persona de Cristo, y la manera en que participan los fieles de esa ofrenda (pág. 109)

13) **Eliminación** de la oración "Suscipe, sancte Pater" (*Acepta, oh Padre Santo*) que manifestaba de forma patente el carácter **sacrificial propiciatorio** de la Misa (pág. 109).

14) **Eliminación** de la oración "Deus qui humanae" (*Oh Dios…*) (pág. 111).

15) **Equívoca** afirmación sobre las condiciones de existencia de la humanidad de Cristo (pág. 111).

16) **Eliminación** de la oración **propiciatoria** "Offerimus tibi" (*Ofrecémoste, Señor*) que imploraba clemencia (pág. 111).

17) **Cambio de acento** en la traducción. No es lo mismo "presentar" que "ofrecer" (pág. 113).

18) **Eliminación** de la oración "Veni, Sanctificator" (*Ven, Santificador*). **Eliminación** de genuflexiones y signos. (pág. 113).

19) **Eliminación** de la oración "Suscipe, sancta Trinitas" (*Acepta, Trinidad Santa*) (pág. 109).

20) **Eliminación** en la "presentación de las ofrendas" del clima sacrificial que caracteriza al ofertorio del rito revisado por san Pío V (pág. 109).

21) **Eliminación** del prefacio de la Santísima Trinidad. Ahora solo se reza una vez en el año (pág. 111).

22) **Error, equívocos y ambigüedades** en la redacción de uno de los Prefacios (pág. 117).

23) **Negación implícita de la doctrina de la Santísima Trinidad** en una rúbrica de la Oración Eucarística 4 (lo que algunos ahora llaman el "Canon arriano"), (pág. 118)

24) **Error** en la traducción del Sanctus (pág. 119).

25) **COMIENZO DEL CANON**. En él ya no está expresado de un modo explícito y claro la **finalidad propiciatoria** del Sacrificio (pág. 119). **Eliminación** de las oraciones "Te igitur" (*Te pedimos*) y "Memento Domine" (*Acuérdate, Señor*) en las otras tres oraciones eucarísticas (pág. 120-121).

26) **Eliminación** de la referencia a la "ortodoxia" de la fe de los católicos (pág. 120).

27) **Eliminación** de la referencia a la salvación *de las almas* (pág. 121).

28) **Eliminación** de la oración "Communicantes" (*Unidos en la misma comunión*) en las tres Oraciones Eucarísticas nuevas (2, 3 y 4) que hacía referencia a los santos. No se habla de sus méritos. **Eliminación** de la palabra "siempre" en referencia a la virginidad perpetua de la Virgen María. (pág. 122).

29) En la oración "Hanc igitur" (*Te suplicamos, pues*) **eliminación** de la palabra "aplacado" en referencia a la aceptación de la oblación por parte de Dios (O.E. 1). Oración **eliminada** en las tres Oraciones eucarísticas nuevas (2, 3 y 4) (pág. 123).

30) **Eliminación** de palabras que adjetivaban con precisión la oblación (O.E. 1) (pág. 124).

31) **Eliminación** de la oración "Quam oblationem" (*La cual oblación*) en las tres Oraciones eucarísticas nuevas (2, 3 y 4) (pág. 124).

32) Formulación **equívoca** en la O.E. 3 que permite una interpretación afín a la idea protestante de la igualdad esencial entre el sacerdocio universal de los fieles y el sacerdocio jerárquico (pág. 124).

33) **Eliminación** de la referencia a la Omnipotencia del Padre (pág. 126).

34) **Cambio en la traducción.** En vez de decir LO bendijo (al pan), se traduce TE bendijo (a Dios) (pág. 126).

35) **Eliminación** de la distinción entre el *modo narrativo* y el *modo sacramental y afirmativo* al pronunciar las palabras de la Consagración (pág. 127).

36) **Eliminación** de la primera genuflexión *antes* de presentar la Hostia a la adoración de los fieles (pág. 127).

37) **Eliminación** de las palabras "Mysterium Fidei", que estaban colocadas en el centro de la Consagración (pág. 129).

38) **Error en la traducción** de las palabras "pro multis" de la Consagración. En vez de "por muchos" se traduce "por todos los hombres" (pág. 131).

39) **Cambio** en las palabras de la anamnesis que ponen el acento más en la "conmemoración" que en la "acción sacramental" (pág. 133).

40) **Inclusión** de una aclamación que produce una nueva **ambigüedad** sobre la Presencia Real de Cristo en la Eucaristía (pág. 133).

41) Notoria **omisión** sobre la realidad del sacrificio e insistencia sobre el aspecto de "memorial" en todas las Oraciones Eucarísticas (pág. 134).

42) En la Oración Eucarística 3 se destaca el aspecto de la Misa como "memorial de acción de gracias" por sobre el de sacrificio (pág. 135).

43) **Eliminación** (en la Oración Eucarística 2) de la referencia al rostro propicio y sereno de Dios al pedirle que se digne aceptar estos dones y **reemplazo** (en la Oración Eucarística 1) por el pedido para que mire "con ojos de bondad" la ofrenda. En las Oraciones Eucarísticas 3 y 4 la mirada de Dios no es acompañada por ninguna referencia a la propiciación o a su bondad (pág. 135).

44) **Agregado** de la frase "[Abraham] nuestro padre en la fe" en la traducción española de la O.E. 1 que no responde al original en latín (pág. 135). Sin distinción alguna lleva a confusión respecto a la relación de la Iglesia católica con el pueblo judío y a la necesidad de su conversión (pág. 135).

45) **Eliminación** de la referencia a los sacrificios figurativos del Antiguo Testamento en las Oraciones eucarísticas 2, 3 y 4 (pág. 137).

46) **Eliminación** de toda referencia al *altar* en las Oraciones eucarísticas 2, 3 y 4 (pág. 138).

47) En la Oración eucarística 2 se **introduce** una súplica por la unidad de neto sabor ecuménico (pág. 138).

48) Se reitera la **omisión** en la Oración eucarística 3 del "siempre" en referencia a la virginidad de María (pág. 139).

49) **Ambigüedad** en la forma en que se pide por la reunión de "todos tus hijos dispersos por el mundo" en la O.E. 3 (pág. 139).

50) **Eliminación** de la referencia implícita a las penas que sufren las almas del purgatorio (pág. 140).

51) **Eliminación** en la traducción española de la O.E. 1 de toda referencia –que estaban en el original en latín– a la bienaventuranza de la Santísima Virgen y de los Apóstoles y **reemplazo** de "todos los santos" por un indefinido "cuantos vivieron… [en tu amistad]" (pág. 140).

52) En la Oración eucarística 4 se **elimina** la referencia a los pecadores y se endosa tal condición a toda la creación, en consonancia con la idea protestante de "corrupción total" de la naturaleza creada (pág. 141).

53) **Eliminación** de la referencia a "nuestras culpas". Y esto solo en la Oración eucarística 1, debido a que en las Oraciones eucarísticas 2, 3 y 4 se ha **eliminado** la oración "Nobis quoque peccatoribus" (*También a nosotros pecadores*) (pág. 141).

54) **FIN DEL CANON.** Panorama general de las O.E. 2, 3 y 4: "**una ruptura completa con la Tradición**" (Gamber) (pág. 142).

55) **Cambio** en el Padrenuestro de la palabra "deuda" por "ofensa" (pág. 144).

56) **Eliminación** de la referencia a los males del "pasado", ocultando la función expiatoria del sacrificio sobre ellos (pág. 145).

57) **Eliminación** de la referencia a la Virgen y a los santos en la oración "Libera nos" (*Líbranos*) (pág. 145).

58) **Omisión** en la traducción en lengua española de la referencia a la *"bienaventuranza esperada"* (pág. 145).

59) Clara **copia del culto protestante** al agregar la doxología "Tuyo es el reino, tuyo el poder y la gloria por siempre, Señor" (pág. 147).

60) Tendencia **subjetivista** en las traducciones a la lengua española de la oración secreta sobre el Cuerpo y la Sangre de nuestro Señor (pág. 147).

61) **Cambio en la traducción** en singular para referirse a *"el pecado del mundo"* y no *"los pecados del mundo"*, en consonancia con la postura protestante sobre la corrupción total de la creación (pág. 147).

62) **Eliminación** de la distinción entre sacerdote y fieles en la oración "Domine Jesu Christe" (*Señor Jesucristo*) (pág. 149)

63) **Error** en la traducción en lengua española de la frase *Beati qui ad cenam Agni vocati sunt* que **elimina** la referencia a la gloria eterna. (pág. 151).

64) **Eliminación** de la referencia al alma del sacerdote en la oración secreta cuando comulga la Hostia (pág. 151).

65) **Eliminación** de la referencia al alma del sacerdote en la oración secreta cuando bebe del cáliz la Sangre de Cristo (pág. 151).

66) **Eliminación** de la absolución de los fieles por parte del sacerdote preparatoria para la comunión (pág. 153).

67) **Eliminación** de la referencia a la santificación personal y la vida eterna cuando los fieles comulgan (pág. 153).

68) **Exhortación en la IGMR para que se comulgue bajo las dos especies**, práctica antigua en la Iglesia, dejada de lado por razones de profundización del dogma de la Presencia real y que, en la historia de la Iglesia, han reclamado una y otra vez los herejes como un símbolo de su rebelión (pág. 153).

69) **Eliminación** de la oración "Corpus tuum, Domine", referencia clara a la finalidad expiatoria del sacrificio (pág. 155).

70) **Eliminación** de la oración "Placeat tibi" (*Séate grato*) que volvía a hacer referencia a la finalidad **propiciatoria** del sacrificio y expresaba asimismo la distinción: el sacerdote pide que el sacrificio ofrecido sea propiciatorio para él y para aquellos por quienes lo ha ofrecido (pág. 157).

(71)**Eliminación** del último Evangelio y las oraciones ordenadas por León XIII, en coincidencia con la finalización de los ritos protestantes que terminan directamente con la bendición (pág. 157).

Es evidente, entonces, que **todas estas modificaciones en su conjunto** (porque se podría alegar que –tomadas aisladamente– algunas parecen "detalles") tienen por objeto llegar a un Ordinario de la Misa que sea perfectamente ecuménico, es decir, que pueda ser utilizado por todas las confesiones cristianas indistintamente. Un teólogo protestante ha podido decir (subrayados nuestros):

> "Si se tiene en cuenta la decisiva evolución de la liturgia eucarística en la Iglesia Católica, la opción de *substituir el Canon de la Misa por otras plegarias eucarísticas*, el *borrar la idea de que la Misa es un sacrificio*, y la *posibilidad de recibir la Comunión bajo las dos especies*, entonces ya no hay motivo para que las iglesias reformadas impidan a sus miembros asistir a la Eucaristía en una iglesia católica".

> **"Las comunidades no católicas podrán celebrar la Santa Cena con las mismas oraciones que la Iglesia Católica. Teológicamente, es posible"** (Hermano Max Thurian, de la comunidad protestante ecuménica de Taizé).

Un luterano, el Dr. M. Siegwalt, profesor de teología dogmática en la Facultad de Estrasburgo escribió en Le Monde (22-11-1969):

> "Nada en la misa ahora renovada puede molestar verdaderamente al cristiano evangélico" (*Rien dans la messe maintenant renouvelée ne peut gêner vraiment le chrétien évangélique*).

Otro protestante, Roger Mehl, escribe en 1970:

> "Ya no hay razón para las Iglesias de la Reforma de prohibir a sus fieles de participar en la eucaristía romana. (…) La transubstanciación…[que ha sido] objeto de tantas contestaciones entre los teólogos y los sacerdotes, no podemos más considerarla como un obstáculo decisivo". (Le Monde, 10-9-1970)

Del lado de los anglicanos citemos el archidiácono Pawley:

"La liturgia romana revisada *se parece ahora muy estrechamente a la liturgia anglicana*". (...) La nueva liturgia, en muchos lugares, sobrepasó la liturgia de Cranmer, a pesar de un retraso de 400 años, en su modernidad" (Pawley, *Rome et Cantorbery durant quatre siècles*, p. 343).

Romano Amerio (católico) explicaba con una lógica aplastante:

"Debe por tanto reconocerse que la reforma ha transformado una Misa católica *inaceptable* para los protestantes en una Misa católica *aceptable* para ellos. Y el juicio de aceptabilidad implica que ha acaecido una variación profunda: de ello son jueces precisamente los únicos que tienen competencia. Los testimonios en tal sentido son innumerables y además las celebraciones conjuntas de una misma Eucaristía por sacerdotes católicos y ministros protestantes confirman la variación doctrinal, no obstante las débiles oposiciones de la jerarquía" (*Iota unum*, pág. 438).

El entonces arzobispo de Munich, Joseph Ratzinger, escribía en su autobiografia *Mi vida 1927-1977*:

"[Con la] reforma litúrgica de Pablo VI acaeció algo más que una simple 'revisión' del Misal anterior, pues **se destruyó el edificio antiguo y se construyó otro**, si bien con el material del cual estaba hecho el edificio antiguo y utilizando también los proyectos precedentes. (...) Estoy convencido de que la crisis eclesial en la que nos encontramos depende en gran parte del **hundimiento de la liturgia**" (*Mi vida*, Ediciones Encuentro, Madrid, 2006, pág. 177).

Todas estas declaraciones respecto a la existencia de cambios esenciales en el rito de la misa parecen confrontar al mismo Paulo VI que en la Alocución del 26 de noviembre de 1969 decía:

"Que todos comprendan bien que nada ha sido cambiado en la esencia de nuestra Misa tradicional...no hay nada, absolutamente nada de esta idea... el nuevo rito, la Misa es la misma de siempre...si algo [ha cambiado], su identidad se ha hecho más reconocible en algunos de sus aspectos".

Por cierto que no pensaba lo mismo que el Papa el principal agente de la reforma litúrgica, el ya citado Annibale Bugnini,[30] quien declaraba el 4

30　Annibale Bugnini nació en Civitella de Lego, Italia, en 1912. Comenzó sus estudios teológicos en la Congregación de las Misiones (Vicentinos) en 1928 y fue ordenado en 1936. Pasó diez años en una parroquia de los suburbios de Roma. En 1947 comenzó a escribir y editar la publicación misionera de su orden (hasta 1957). Comenzó también a participar activamente en estudios especializados de liturgia, como director de *Ephemerides liturgicae*, una de las publicaciones italianas más renombradas en el campo de la liturgia. De allí en más publica gran cantidad de artículos y libros en esos temas, tanto a nivel científico como popular. En 1948 fue nombrado secretario de

de enero de 1967 (como se ve, más de dos años *antes* de la publicación del Nuevo Ordo Missæ) [subrayados nuestros]:

> "No se trata solamente de retocar una valiosa obra de arte sino, a veces, de *dar estructuras nuevas a ritos enteros*. Se trata, en realidad, de *una restauración fundamental*, diría casi de una *refundición* y, en ciertos puntos, de *una verdadera creación nueva*" (Doc. Cath., N°1493, 7 de mayo de 1967).

Imposible ser más claro.

---

la Comisión para la Reforma Litúrgica de Pío XII. En 1949 fue nombrado profesor de Liturgia en la Universidad Pontificia *Propaganda Fide*; en 1955, en el Instituto Pontificio de Música Sagrada; en 1956 fue nombrado consultor de la Sagrada Congregación de Ritos; en 1957, profesor de Liturgia en la Universidad Laterana. En 1960 fue nombrado secretario de la Comisión Preparatoria de Liturgia del Concilio Vaticano II. Bugnini ha declarado abiertamente que "la imagen de la liturgia según ha sido dada por el Concilio es completamente diferente de la que había anteriormente" (Doc. Cath., 1491, 4 de enero de 1967). La Constitución fue promulgada el 5 de diciembre de 1963. Pero, por razones desconocidas, con la aprobación de Juan XXIII, es destituido de su cargo en el Lateranense y como secretario de la Comisión. Medida drástica, muy opuesta al modo de actuar del Papa. Probablemente los cambios de aire producidos por el Concilio, permitieron que el 29 de febrero de 1964, el P. Bugnini fuera nombrado secretario del *Consilium ad Exsequendam Constitutionem de Sacra Liturgia*. En abril de 1969 fue promulgado el *Novus Ordo Missae*; en mayo la Sagrada Congregación de Ritos se divide en otras dos, la del Culto Divino y la de las Causas de los Santos. El *Consilium* es incorporado a la Congregación del Culto como una comisión y Bugnini es nombrado secretario de la misma. Alcanza así el máximo de influencia. Las cabezas de las comisiones o congregaciones van y vienen: los card. Lercaro, Gut, Tabera, Knox; pero el P. Bugnini permanece estable. El 7 de enero de 1972 recibe, como premio a sus servicios, el nombramiento como Arzobispo titular de Dioclesiana. Pero…el 31 de julio de 1975 la Sagrada Congregación del Culto es sorpresivamente disuelta, uniéndose con la de Sacramentos. Y lo que causó aún más sorpresa, en las nuevas listas ya no aparecía el nombre de Mons. Bugnini. El Osservatore Romano del 15 de enero de 1976 (versión inglesa) anunciaba: "5 de enero: el Santo Padre ha nombrado Pronuncio Apostólico en Irán a su E.R. Annibale Bugnini, C.M., Arz. titular de Dioclesiana". El puesto, creado para el caso, no parecía demasiado importante desde ningún punto de vista. Gran indignación en los medios progresistas. ¿Qué había pasado? Dice M. Davies: "Hice mi propia investigación en el asunto y puedo responder por la autenticidad de los siguientes hechos. Un sacerdote romano de la más alta reputación entró en posesión de evidencia por la cual consideró demostrado que Mons. Bugnini era francmasón. Hizo que esa información fuera puesta en manos de Pablo VI con la advertencia que si no se tomaban inmediatamente medidas, se vería en conciencia obligado a hacer público el asunto. Mons. Bugnini fue entonces despedido y la congregación disuelta". Por supuesto que Mons. Bugnini negó la acusación afirmando que se trataba de una "pérfida calumnia", inventada por los enemigos de la reforma litúrgica para entorpecer sus pasos desacreditando al principal colaborador del Papa en este tema, pero reconoce en su libro *La reforma de la liturgia* que dicho cargo fue la causa de su caída en desgracia. No solo eso, sino que además implicó la supresión de la Congregación entera, al fundirla con la de Sacramentos. Monseñor Bugnini falleció en 1982. (extractado de Carmelo López-Arias Montenegro)

COMPARACIÓN CUANTITATIVA [*] ENTRE EL ORDINARIO COMPLETO DE LA MISA REVISADA POR SAN PÍO V Y EL NUEVO ORDEN DE LA MISA DE PAULO VI
(porcentajes aproximados)

[*]Este "argumento cuantitativo" no pretende ser **por sí mismo** una "prueba" de las desviaciones de la Reforma Litúrgica. Debe verse solo como un complemento de todo lo dicho anteriormente en esta obra. Pero no dejemos de notar el impresionante porcentaje de texto eliminado por los reformadores.

Porcentaje de texto conservado según la Plegaria eucarística que se utilice [**]

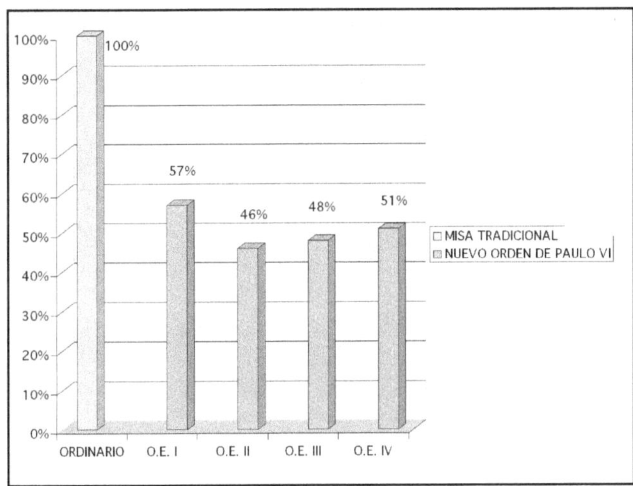

Como se puede apreciar en este gráfico, la comparación resulta en que si se utiliza…
• la Plegaria Eucarística I, la Nueva Misa suprime el 43% de los textos de la Misa tradicional.
• la Plegaria Eucarística II, la Nueva Misa suprime el 54% de los textos de la Misa tradicional.
• la Plegaria Eucarística III, la Nueva Misa suprime el 52% de los textos de la Misa tradicional.
• la Plegaria Eucarística IV, la Nueva Misa suprime el 49% de los textos de la Misa tradicional.

[**] Podría decirse que los reformadores litúrgicos utilizaron tres técnicas para depurar la Misa de las doctrinas católicas que pudieran herir la sensibilidad protestante: una fue la **omisión**, otra fue la **mutilación** y la tercera, la **ambigüedad**. Y todo esto realizado de tal manera que no era tan fácil que fueran acusados de "cambiar" directamente la enseñanza católica. Sí, por cierto, de ignorarla. Pero se realizó con una habilidad notable. A punto tal que un sociólogo luterano, el Dr. Peter L. Berger, llegó a escribir (destacados nuestros):

> "La Revolución litúrgica —no servirá ningún otro término— es un error…que toca a millones de católicos en el mismo centro de su creencia religiosa. (…) Si un sociólogo enteramente malicioso, inclinado a injuriar a la comunidad católica tanto como sea posible, hubiera sido un asesor para la Iglesia, **difícilmente podría haber hecho un trabajo mejor**" (Homiletic and Pastoral Review, febrero de 1979).

COMPARACIÓN CUANTITATIVA
ENTRE EL CANON DE LA MISA REVISADA POR SAN PÍO V
Y CADA UNA DE LAS PLEGARIAS EUCARÍSTICAS
DE LA MISA DE PAULO VI
(porcentajes aproximados)

Porcentaje de texto conservado según la Plegaria eucarística que se utilice

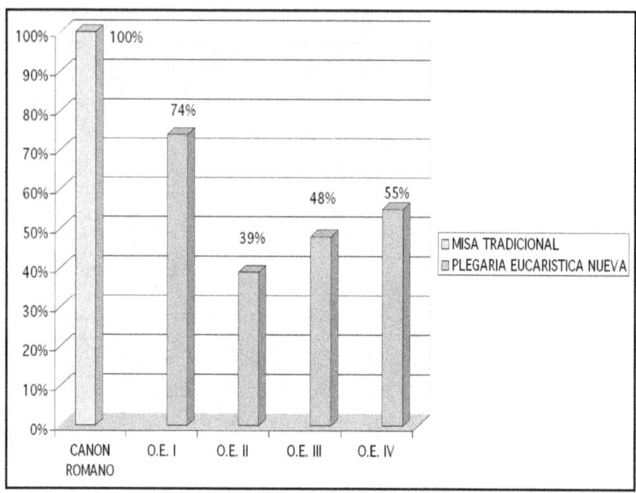

Comparando el Canon de la Misa tradicional con cada una de las plegarias resulta que, utilizando

• la Plegaria Eucarística I, se suprimió el 26% del Canon romano.

• la Plegaria Eucarística II, se suprimió el 61% del Canon romano [*]

• la Plegaria Eucarística III, se suprimió el 52% del Canon romano.

• la Plegaria Eucarística IV, se suprimió el 45% del Canon romano.

---

[*] **¡Suprimido más de 60% del Canon romano!** Precisamente, la Plegaria eucarística II es la más utilizada en todo el mundo. ¿Qué habría pensado de esto el ya fallecido padre Louis Bouyer quien, antes de la Reforma de Paulo VI, escribía?:

"El Canon romano, como es hoy, se remonta hacia Gregorio Magno. No hay ni en Oriente ni en Occidente una plegaria eucarística que permanezca en uso hasta este día, que pueda presumir de tal antigüedad. A los ojos no solo de los Ortodoxos, sino de los Anglicanos e incluso de aquellos protestantes que tienen todavía en alguna medida un sentimiento por la tradición, **abandonarlo sería un repudio de toda pretensión por parte de la Iglesia Romana a representar a la verdadera Iglesia Católica**".

Parte III
Estudio comparativo

**entre el Misal romano revisado por San Pío V
y el Novus Ordo Missæ de Paulo VI**

*"La reforma litúrgica es, en un sentido muy profundo,
la clave del 'aggiornamento'. No se equivoquen en esto.
Es ahí donde comienza la revolución".*

Cardenal Dwyer, entonces arzobispo de Birminghan,
en la conferencia de Prensa que realizó el 23 de octubre de 1967,
("Documentation catholique" 1967 col. 2072)

*"Conservar el Ritus Romanus no es una cuestión de
estética: es, para nuestra santa Fe,
cuestión de vida o muerte".*

Klaus Gamber
(1919-1989)

LA MISA EN LATÍN Y ESPAÑOL SEGÚN EL RITUAL PERPETUO DEL PAPA SAN PÍO V POR BULA QUO PRIMUM TEMPORE (14 de Julio 1570)

La Misa en español según el ritual de Paulo VI "Novus Ordo Missae" (3 de abril 1969)

PRIMERA PARTE
(Misa de los catecúmenos)*

RITOS INICIALES (1) [DE RODILLAS.]
ORACIONES AL PIE DEL ALTAR

[Sacerdote] ✠ In nomine Patris, et Filii, et Spiritus Sancti. Amen.

[Sacerdote] ✠ En el nombre del Padre y del Hijo, y del Espíritu Santo. Amén.

RITOS INICIALES
Entrada y saludo al altar y al pueblo

[Sacerdote] ✠ En el nombre del Padre y del Hijo, y del Espíritu Santo. Amén.
[S] El Señor esté con vosotros.
[C] Y con tu espíritu

Antífona

Introibo ad altare Dei.

Entraré hasta el altar de Dios.

[Congregación] Ad Deum qui lætificat juventutem meam.

[Congregación] Hasta Dios que es la alegría de mi juventud.

Salmo 42
(se omite esto en las misas de difuntos)

[S] JUDICA ME, Deus, et discerne causam meam de gente non sancta: ab homine iniquo et doloso erue me.

[S] Júzgame Tú, oh Dios, y defiende mi causa contra la gente impía; líbrame del hombre inicuo y engañador.

[C] Quia tu es Deus, fortitudo mea: quare me repulisti, et quare tristis incedo, dum affligit me inimicus?

[C] Ya que Tú eres, oh Dios, mi fortaleza; ¿cómo me siento yo desamparado, y por qué ando triste al verme afligido por mi enemigo?

[S] Emitte lucem tuam et veritatem tuam: ipsa me deduxerunt, et adduxerunt in montem Sanctum tuum, et in tabernacula tua.

[S] Envíame tu luz y tu verdad. Ellas me han de guiar y conducir a tu monte santo, y a tus tabernáculos.

[C] Et introibo ad altare Dei: ad Deum qui lætificat juventutem meam.

[C] Y entraré al altar de Dios, al Dios que es la alegría de mi juventud.

[S] Confitebor tibi in cithara, Deus, Deus meus: quare tristis es, anima mea, et quare conturbas me?

[S] Te alabaré con la cítara, oh Dios, Dios mío. ¿Por qué estás triste, alma mía, y por qué me perturbas?

ELIMINADO

Notas y Comentarios

* Las divisiones e indicaciones en el Ordinario de la Santa Misa según el ritual perpetuo del papa San Pío V han sido hechas siguiendo en lo posible lo consignado en el *Misal Dominical Completo* del Rdo. Padre Andrés Azcárate OSB, Editorial Guadalupe, Buenos Aires, 1947.

(1) Se han suprimido las oraciones al pie del altar. La Iglesia romana no había conservado el simbolismo de la entrada en el "Sancta Sanctorum" del templo de Jerusalén; sí lo hicieron las Iglesias orientales, en las que los prestes pasan más allá del iconostasio para celebrar el misterio de la eucaristía recatados de los ojos de la multitud; pero la idea de esta solemne entrada en el lugar del sacrificio se conservó en esas oraciones previas. Algo más que el simbolismo se ha perdido al abolir estas preces al pie del altar, y no compensa su pérdida el breve saludo pronunciado por el oficiante de cara a los fieles desde la sede, al que sigue un confiteor abreviado y rezado conjuntamente. Si el altar es sencillamente una mesa desnuda colocada en medio de un vestíbulo desierto, sin sagrario o barandilla de comulgatorio, no se ve lugar alguno en el que se pueda entrar.

Se puede probar con toda certeza que jamás ha existido, ni en la Iglesia de Oriente, ni en la de Occidente, una celebración "versus populum", sino que únicamente todos se volvían hacia Oriente para rezar. Fue Martín Lutero el primero que pidió que el sacerdote en el altar se volviese al pueblo.

"La forma de una mesa apartará más al simple de las opiniones supersticiosas sobre la Misa papista hacia el uso correcto de la cena del Señor. Pues el uso del altar es hacer un sacrificio sobre él; mientras que el uso de una mesa es servir a los hombres para comer sobre ella" (Thomas Cranmer).

Pío XII en la *Mediator Dei*, al condenar "un insano arquelogismo", decía:

"Está fuera del recto camino el que quiere devolver al Altar su antigua forma de mesa" (N°80).

Precisamente estos cambios en la posición del sacerdote en el altar durante la misa, tienen un sentido simbólico y sociológico verdadero. En el rito tradicional cuando el sacerdote ora y sacrifica tiene, al igual que los fieles, los ojos puestos en Dios; y cuando explica la palabra de Dios o distribuye la eucaristía se vuelve hacia el pueblo. Ahora, en el nuevo rito, el sacerdote ya no simboliza el hecho de que él es un intermediario entre Dios

[S] Spera in Deo, quoniam adhuc confitebor illi: salutare vultus mei, et Deus meus.

[C] Espera en Dios, porque he de alabarle más todavía, a él que es mi Salvador y mi Dios.

[S] Gloria Patri, et Filio, et Spiritui Sancto.

[S] Gloria al Padre, y al Hijo, y al Espíritu Santo.

[C] Sicut erat in principio, et nunc, et semper, et in sæcula sæculorum. Amen.

[C] Como era en el principio, y ahora, y siempre, y por los siglos de los siglos. Amén.

[S] Introibo ad altare Dei.

[S] Subiré al altar de Dios.

[C] Ad Deum qui lætificat juventutem meam.

[C] Al Dios que es la alegría de mi juventud. (Fin del salmo)

[S] Adjutorium nostrum † in nomine Domini.

[S] Nuestro auxilio ✠ está en el Nombre del Señor.

[C] Qui fecit cælum et terram.

[C] Que hizo el cielo y la tierra.

ELIMINADO

Confesión y absolución de los pecados
El Sacerdote dice primero el Confiteor…

ACTO PENITENCIAL

[S] Confiteor Deo omnipotenti… orare pro me ad Dominum Deum nostrum.

(2) [S]Yo, pecador, me confieso… que roguéis por mí a Dios Nuestro Señor.

[S] Hermanos, para celebrar dignamente estos sagrados misterios, reconozcamos nuestros pecados.

al terminar el cual los fieles responden…

[C] Misereatur tui omnipotens Deus, et dimissis peccatis *tuis*, perducat te ad vitam æternam.

[C] Dios Todopoderoso tenga misericordia de ti, y, perdonados *tus* pecados, te lleve a la vida eterna.

[S] Amen.

[S] Amén.

[C] Confiteor Deo omnipotenti, beatæ Mariæ semper Virgini, beato Michæli Archangelo, beato Joanni Baptistæ, sanctis Apostolis Petro et Paulo, omnibus Sanctis, et tibi, Pater, quia peccavi nimis, cogitatione verbo et opere, (DÁNDOSE TRES GOLPES DE PECHO) mea culpa, mea culpa, mea maxima culpa. Ideo precor beatam Mariam semper Virginem, beatum Michælem Archangelum, beatum Joannem Baptistam, sanctos Apostolos Petrum et Paulum, omnes Sanctos, et te, Pater, orare pro me ad Dominum Deum nostrum.

(2) [C] Yo, pecador, me confieso *a* Dios Todopoderoso, a la bienaventurada siempre Virgen María, al bienaventurado San Miguel Arcángel, al bienaventurado San Juan Bautista, a los Santos Apóstoles San Pedro y San Pablo, y todos los Santos, y a vos, Padre, que pequé gravemente con el pensamiento, palabra, y obra, (DÁNDOSE TRES GOLPES DE PECHO) por mi culpa, por mi culpa, por mi grandísima culpa. Por tanto, ruego a la bienaventurada siempre Virgen María, al bienaventurado San

(2) Yo confieso *ante* Dios todopoderoso y antes vosotros hermanos, que he pecado mucho de pensamiento, palabra, obra y omisión; por mi culpa, por mi culpa, por mi gran culpa. Por eso ruego a Santa María, siempre Virgen, a los ángeles, a los Santos, y a vosotros, hermanos, que intercedáis por mí ante Dios nuestro Señor.

REDUCIDO

y el hombre. Cuando se quisieron explicar estos cambios, se informó que el altar estaba ahora "puesto para el diálogo con la asamblea".

> "[Estos cambios] fueron confirmados y estimulados por la celebración *versus populum*, una práctica que anteriormente había sido prohibida y que era una marcha atrás de toda la tradición de celebración hacia el Este, en la cual el sacerdote no era la contraparte del pueblo sino más bien alguien que actuaba *in persona Christi*, bajo el símbolo del sol naciendo en el Este. (Cardenal Alfons M. Stickler, *"Recuerdos de un perito del Concilio Vaticano II"*, Latin Mass, diciembre 1998).

Hoy hay toda una revalorización de la orientación teotrópica de la liturgia. Frente a la celebración *versus populum* (celebración de cara al pueblo) durante la Santa Misa, practicada en los últimos decenios, liturgistas como Bouyer o Gamber, e incluso Jungmann, se opusieron a la afirmación de que hasta la reforma litúrgica de Paulo VI (1969), el celebrante oficiaba "dando la espalda al pueblo". Por el contrario, esos estudiosos subrayaron en su momento que no se trataba de dar la espalda al pueblo, sino de asumir *la misma orientación que el pueblo con la mirada hacia el sol saliente (oriente), el símbolo del Cristo de la Parusía*. Sacerdote y fieles están todos juntos vueltos hacia Dios, que está delante y por encima de todos. Es lo que el entonces cardenal Ratzinger ha llamado *versus Deum per Iesum Christum* (hacia Dios por Jesucristo). En su libro *El espíritu de la Liturgia. Una introducción* (Herder, Friburgo, 2000), el entonces prefecto para la Doctrina de la Fe señalaba la urgencia de retomar donde fuera posible esa orientación en la construcción de iglesias y la praxis litúrgica:

> "Lo que importa no es poder ver al sacerdote sino dirigir los ojos en común hacia el Señor. Tampoco se trata de una cuestión de diálogo sino de una adoración común".

Se trata, entonces, de terminar con el *horizontalismo antropocéntrico* de una liturgia que corrompe la unanimidad de la Iglesia, que no consiste en la consideración recíproca de sus miembros, sino en mirar a Dios todos juntos. Ese horizontalismo reduce a la Iglesia a *comunidad de concentración* cuando en realidad es *comunidad de proyección* hacia un único punto trascendente.

(2) En la oración del "Confiteor", que primero recitaba el Sacerdote, y después recién lo hacía el pueblo, y que se recita ahora solo en forma colectiva, *el sacerdote ya no es más juez, testigo y mediador ante Dios*; por consiguiente, no se imparte más al pueblo la absolución sacerdotal que se tenía en el

Miguel Arcángel, al bienaventurado San Juan Bautista, a los Santos Apóstoles San Pedro y San Pablo, y todos los Santos, y a vos, Padre, que roguéis por mí a Dios Nuestro Señor.

[S]Misereatur vestri Omnipotens Deus, et dimissis peccatis vestris, perducat vos ad vitam æternam.

[S] Dios Todopoderoso tenga misericordia de vosotros, y, perdonados vuestros pecados, os lleve a la vida eterna.

[C] Amen.

[C] Amén.

[S] Indulgentiam, ✠ absolutionem, et remissionem peccatorum nostrorum tribut nobis omnipotens et misericors Dominus.

[S] El Señor Omnipotente y Misericordioso nos conceda el perdón, ✠ la absolución y remisión de nuestros pecados.

[C] Amen.

[C] Amén.

[S] Deus, tu conversus vivificabis nos.

[S] Oh Dios, vuélvete a nosotros, y nos darás la vida.

[C] Et plebs tua lætabitur in te.

[C] Y tu pueblo se regocijará en Ti.

[S] Ostende nobis, Domine, misericordiam tuam.

[S] Muéstranos, oh Señor, tu misericordia.

[C] Et salutare tuum da nobis.

[C] Y danos tu Salvación.

[S] Domine, exaudi orationem meam.
[C] Et clamor meus ad te veniat.
[S] Dominus vobiscum.
[C] Et cum spiritu tuo.

[S] Escucha, Señor, mi oración.
[C] Y llegue hasta Ti mi clamor.
[S] El Señor sea con vosotros.
[C] Y con tu espíritu.

El Sacerdote sube al altar, y dice: [DE PIE]

Oremus. Aufer a nobis, quæsumus, Domine, iniquitates nostras: ut ad Sancta sanctorum puris mereamur mentibus introire. Per Christum Dominum nostrum. Amen.

(3) Aparta de nosotros, Señor, te rogamos, nuestras iniquidades, para que merezcamos entrar con pureza de corazón en el Santo de los Santos. Por Cristo Nuestro Señor. Amén

REDUCIDO

ELIMINADO

antiguo rito. En efecto, el sacerdote viene simplemente connumerado entre los "hermanos".

Esto coincide con la pretensión protestante de transformar al sacerdote en un "presidente" de la asamblea de fieles, participando todos indistintamente del sacerdocio colectivo.

Además, el Confiteor es solamente opcional y el celebrante puede omitirlo si lo desea.

Desde el comienzo, el acento está puesto en la presencia espiritual del Señor, que va a dominar la ceremonia. Tras haberle quitado valor a la presencia de Cristo víctima, hecho presente substancialmente por la acción del sacerdote ministerial, el nuevo misal exalta la presencia espiritual del Señor, presencia cuyo ministro es el pueblo de Dios.

En la versión en español del Novus Ordo se traduce erróneamente "Yo confieso *ante* Dios". Debe decirse *"a* Dios". Y también debe decirse "grandísima culpa" y no solo "gran culpa".

(3) Por medio del "Confiteor" que decía el sacerdote solo, se demostraba claramente cómo él mismo, como ministro en representación de Cristo, profundamente inclinado, se reconocía indigno de celebrar el "tremendo misterio" y más aún de ingresar al Sancta Sanctorum (en la oración "Aufer a nobis"). Además esta oración evoca el sacrificio del Antiguo Testamento, con el sacerdote entrando en el Santo de los Santos para ofrecer la sangre de las víctimas.

E inclinado sobre el altar, continúa diciendo:

Oramus te Domine, per merita Sanctorum tuorum quorum reliquiæ hic sunt (y besa el altar), et omnium Sanctorum: ut indulgere digneris omnia peccata mea. Amen.

(4) Rogámoste, Señor, por los méritos de tus Santos, cuyas reliquias yacen aquí (y besa el altar), y por los de todos los Santos, que Te dignes perdonarme todos mis pecados. Amén.

ELIMINADO

I. Preparación para el Sacrificio
Antífona del Introito
En el lado de la Epístola el sacerdote lee el Introito.
Cambia cada día y se encuentra en el Propio del Misal

Kyrie
En el centro del altar, dice:

[S] Kyrie eleison.
[C] Kyrie eleison.
[S] Kyrie eleison
[C] Christe eleison.
[S] Christe eleison.
[C] Christe eleison.
[S] Kyrie eleison.
[C] Kyrie eleison.
[S] Kyrie eleison.

[S] Señor, ten piedad de nosotros.
[C] Señor, ten piedad de nosotros.
[S] Señor, ten piedad de nosotros.
[C] Cristo, ten piedad de nosotros.
[S] Cristo, ten piedad de nosotros.
[C] Cristo, ten piedad de nosotros.
[S] Señor, ten piedad de nosotros.
[C] Señor, ten piedad de nosotros.
[S] Señor, ten piedad de nosotros.

Señor, ten piedad
[S] Tú que has sido enviado a sanar los corazones afligidos: Señor, ten piedad
[C] Señor, ten piedad.
[S] Tú que has venido a llamar a los pecadores: Cristo, ten piedad.
[C] Cristo, ten piedad.
[S] Tú que estás sentado a la derecha del Padre para interceder por nosotros: Señor, ten piedad.
[C] Señor, ten piedad.
[S] Dios todopoderoso tenga misericordia de nosotros, perdone nuestros pecados y nos lleve a la vida eterna.
[C] Amén.

Gloria
El Gloria se omite cuando el Sacerdote
lleva vestimenta negra o morada.

[S] Gloria in excelsis Deo. [Todos]Et in terra pax hominibus bonæ voluntatis. Laudamus te. Benedicimus te. Adoramus te. Glorificamus te. Gratias agimus tibi propter magnam gloriam tuam. Domine Deus, Rex cælestis, Deus Pater omnipotens. Domine Fili unigenite, Jesu Christe. Domine Deus, Agnus Dei, Filius Patris. Qui tollis peccata mundi, miserere nobis. Qui tollis peccata mundi, suscipe deprecationem nostram. Qui sedes ad dexteram Patris, miserere nobis. Quoniam tu solus sanctus. Tu solus Dominus. Tu solus altissimus, Jesu Christe.

[S] Gloria a Dios en las alturas, [Todos] Y en la tierra paz a los hombres **(5)** *de buena voluntad.* Te alabamos. Te bendecimos. Te adoramos. Te glorificamos. Te damos gracias por tu grandísima gloria. Señor Dios, Rey Celestial, Dios Padre Omnipotente. Señor, Hijo Unigénito, Jesucristo. Señor Dios, Cordero de Dios, Hijo del Padre. Tú que quitas **(6)** *los pecados* del mundo, ten misericordia de nosotros. Tú que quitas **(6)** *los pecados* del mundo, recibe nuestra súplica. Tú que estás sentado a la diestra del Padre, ten misericordia de nosotros. Porque Tú solo eres

Gloria

Gloria a Dios en el Cielo, y en la tierra paz a los hombres **(5)** *que ama el Señor.* Por tu inmensa gloria te alabamos, te bendecimos, te adoramos, te glorificamos, te damos gracias.
Señor Dios, Rey celestial,
Dios Padre todopoderoso.
Señor Hijo único, Jesucristo,
Señor Dios, Cordero de Dios,
Hijo del Padre: Tú que quitas **(6)** *el pecado* del mundo, ten piedad de nosotros; Tú que quitas **(6)** *el pecado* del mundo, atiende nuestra súplica;
Tú que estás sentado a la derecha del Padre, ten piedad de nosotros: porque solo Tú eres Santo,

(4) Por ello, también invocaba (en la oración "Oramus Te Domine") los méritos e intercesiones de los Santos Mártires, cuyas reliquias se guardaban en el altar y que, por lo tanto, lo convierten en algo distinto de una simple mesa. Ambas oraciones han sido abolidas.

Un alma perdonada no es por eso plenamente acepta a Dios: en la medida en que aún no ha cumplido toda justicia sufriendo la pena debida al pecado, el alma sigue siendo parcialmente injusta, y por eso, incapaz de ofrecer por sí misma un sacrificio agradable. El misal revisado por san Pío V destaca desde el comienzo esta indignidad y la remedia interponiendo a cada momento, entre el celebrante y Dios, al mediador principal, Jesucristo, y a mediadores subordinados, los santos. El nuevo misal, en cambio, casi ha suprimido esta mediación de Cristo en la ofrenda del sacrificio. La expresión: "Por Cristo Nuestro Señor" se ha vuelto facultativa en la Plegaria Eucarística 1, y ha sido suprimida en el texto de las demás plegarias eucarísticas (solo aparece al final para introducir el *Per ipsum*). Respecto a los santos, las invocaciones mencionadas no se han conservado en ninguna de las nuevas Plegarias. Solamente la Plegaria Eucarística 3 menciona una vez la intercesión de los santos, pero ninguna de ellas recurre a sus méritos.

(5) En el himno de alabanza (Gloria), el texto unificado en lengua española traduce *et in terra pax hominibus bonae voluntatis*, del Misal de Paulo VI, por "y en la tierra paz a los hombres que ama el Señor" (en griego =*Dóxa en hypsístois Theo kai epi ges eiréne en anthrópis eudokías*). "**Eudokías**" [ευδοκιας]= buena voluntad. Este genitivo griego puede tener dos sentidos: a) *subjetivo*: a los hombres que tienen buena voluntad, buena disposición para con Dios; b) *objetivo*: a los hombres que son objeto de la buena voluntad divina, de la benevolencia divina (Lc 2, 14). En el texto unificado en lengua española se traduce "y en la tierra paz a los hombres que ama el Señor". Es claro que la traducción directa es "hombres de buena voluntad". La traducción española es ambigua (anfibológica, en realidad) y parece ponerse a tono con una teología en la que se afirma que Dios ama a todos sin distinción alguna y no importando cómo sean. Se argumentará que la versión latina del Misal de Paulo VI está inalterada, pero esto no puede ser confrontado por los fieles porque la misa se reza en lengua vernácula.

(6) Se reduce al singular el plural de "los pecados del mundo" más afín con la idea protestante de la corrupción total de la naturaleza (ver nota 61).

Cum Sancto Spiritu ✠ in gloria Dei Patris. Amen.

Santo, Tú solo el Señor, Tú solo el Altísimo, Jesucristo. Con el Espíritu Santo, ✠ en la gloria de Dios Padre. Amén.

solo Tú Señor, solo Tú Altísimo, Jesucristo, con el Espíritu Santo en la gloria de Dios Padre. Amén.

[S] Dominus vobiscum.
[C] Et cum spiritu tuo.
[S] Oremus

[S] El Señor sea con vosotros.
[C] Y con tu espíritu.
[S] Oremos.

[S] Oremos

Oración ("colecta")
Cambia cada día y se encuentra en el Propio del Misal.
Dice el Sacerdote los Oraciones, que terminan:

Colecta
El sacerdote termina diciendo:

[S] Per omnia sæcula sæculorum.

[S] Por los siglos de los siglos.

Por nuestro Señor Jesucristo, tu Hijo, que vive y reina contigo en la unidad del Espíritu Santo y es Dios por los siglos de los siglos.
[C] Amén.

[C] Amen.

[C] Amén.

LITURGIA DE LA PALABRA
(7)
Epístola

1ra. lectura: La Epístola [SENTADOS]
Terminada la Epístola el diácono responde:

[Deo gratias.]

[C] Demos gracias a Dios.

[L] Palabra de Dios.
[C] Te alabamos Señor.

Salmodia: Gradual - Aleluya - Tracto
Cambia cada día y se encuentra en el Propio del Misal.

2a. lectura: El Evangelio
El sacerdote reza esta oración preparatoria para disponerse a leer el Evangelio. También con esta oración los fieles se han de disponer para escucharlo.

Salmo responsorial.
Aclamación antes de la lectura del Evangelio

[S] MUNDA COR MEUM, ac labia mea, omnipotens Deus, qui labia Isaiæ Prophetæ calculo mundasti ignito: ita me tua grata miseratione dignare mundare, ut sanctum Evangelium tuum digne valeam nuntiare. Per Christum Dominum nostrum. Amen.

[S] Purifica mi corazón y mis labios, Oh Dios Todopoderoso, como purificaste los labios del profeta Isaías con un carbón encendido: dígnate por tu gratuita misericordia purificarme a mí también, de manera que pueda anunciar dignamente tu santo Evangelio, por Cristo, Nuestro Señor. Amén.

[S] Purifica mi corazón y mis labios Dios todopoderoso

ELIMINADO

para que anuncie dignamente tu Evangelio.

[S] Jube, Domine, benedicere. Dominus sit in corde meo, et in labiis meis: ut digne et competenter annuntiem Evangelium suum. Amen.

[S] Dame, Señor, tu bendición. El Señor esté en mi corazón y en mis labios, para que pueda anunciar digna y debidamente su Evangelio. Amén.

ELIMINADO

(7) En conformidad con la concepción del culto protestante, la nueva organización de las lecturas sirve en primer lugar para la instrucción y "edificación" de la asamblea. Esta nueva organización ha sido visiblemente elaborada por exégetas y no por liturgistas (Klaus Gamber, op.cit., pág. 39)

En la medida en que el nuevo misal disminuye la Presencia Real, en esa misma medida aumenta la importancia de la Biblia. La Escritura y la Eucaristía se describen a menudo en la *Instrucción General* (IGMR) del mismo modo como si no fueran más que dos formas del único alimento dispensado en este "banquete pascual":

> "En la Misa se prepara la mesa, tanto de la Palabra de Dios, como del Cuerpo de Cristo, de la cual los fieles son instruidos y alimentados" (28); "Cristo mismo por su palabra se hace presente en medio de los fieles" (55); "Por las lecturas se prepara para los fieles la mesa de la Palabra de Dios" (57).

"El Leccionario de tres años es un crimen contra la naturaleza" (cardenal Stickler). Al ser un ciclo trianual, en lugar de uno anual, permite una multitud de opciones para el celebrante. Aparte de las dificultades pastorales por parte de los fieles para comprender textos que necesitan exégesis especiales, se aprovechó para dejar de lado pasajes de gran significación teológica y moral, los pasajes pastoralmente "impopulares" (sobre el infierno, el fin del mundo, las condiciones para recibir dignamente el cuerpo de Cristo, entre otros). Además se elimina la *pedagogía de la memoria* (Amerio) con un leccionario en el cual las mismas cosas retornan solo después de tres años. Antes el pueblo de Dios conocía de memoria salmos, himnos, secuencias, preces litúrgicas, y pasajes enteros del Nuevo Testamento, y los asimilaba. Hoy todo esto es, obviamente, más difícil, vista la variedad y cantidad de textos que se leen en la liturgia. A esto se agrega que las lecturas se toman de nuevas ediciones de la Biblia, a veces mal traducidas.

El Misal revisado por san Pío V reservaba estrictamente las lecturas de la Sagrada Escritura a los ministros sagrados. Con esto manifiesta la mediación necesaria de la jerarquía eclesiástica en la transmisión de la Revelación. Por el contrario, en el nuevo misal se celebra la Sagrada Escritura en sí misma, y no ya en cuanto que la anuncia la jerarquía de la Iglesia. Esto explica que la función de lector se pueda atribuir a un laico.

Al lado del Evangelio: [DE PIE]

[S]Dominus vobiscum.
[C] Et cum spiritu tuo.
[S] ✠ Sequentia sancti Evangelii secundum....

[S]El Señor sea con vosotros.
[C] Y con tu espíritu.
[S] ✠ Continuación del santo Evangelio, según San…

Evangelio

[S] El Señor esté con vosotros.
[C] Y con tu espíritu.
[S] Lectura del santo Evangelio según San…

Al terminar el Evangelio:

[C] Gloria tibi, Domine.

[C] Gloria a Ti, Señor.

[C] Gloria a ti, Señor.

Luego el Sacerdote besa el Evangelio, diciendo:

Al terminar el Evangelio:'

[C] Laus tibi, Christe.

[C] Alabanza a Ti, oh Cristo.

[S] Palabra de Dios.
[C] Gloria a Ti, Señor Jesús.

[S]Per evangelica dicta deleantur nostra delicta.

[S] Por las palabras del Evangelio sean borrados nuestros pecados.

(en secreto) [S] Las palabras del Evangelio borren nuestros pecados.

Credo

**Homilía (8)
Profesión de fe**

[S] Credo in unum Deum. [Todos] Patrem omnipotentem, factorem cæli et terræ, visibilium omnium et invisibilium. Et in unum Dominum Jesum Christum, Filium Dei unigenitum. Et ex Patre natum ante omnia sæcula. Deum de Deo, lumen de lumine, Deum verum de Deo vero. Genitum, non factum, consubstantialem Patri: per quem omnia facta sunt. Qui propter nos homines, et propter   nostram salutem descendit de cælis. [Hágase la genuflexión] ET INCARNATUS EST DE SPIRITU SANCTO EX MARIA VIRGINE: ET HOMO FACTUS EST. Crucifixus etiam pro nobis: sub Pontio Pilato passus et sepultus est. Et resurrexit tertia die secundum Scripturas. Et ascendit in cælum: sedet ad dexteram Patris. Et iterum venturus est cum gloria judicare vivos et mortuos: cujus regni non erit finis. Et in Spiritum Sanctum, Dominum et

[S] Creo en un solo Dios, [Todos] Padre Todopoderoso, Creador del cielo y de la tierra, de todas las cosas visibles e invisibles. Y en un solo Señor, Jesucristo, Hijo Unigénito de Dios. Y nacido del Padre antes de todos los siglos. Dios de Dios, Luz de Luz, Dios verdadero de Dios verdadero. Engendrado, no hecho, (9) *consubstancial al Padre,* por quien todas las cosas fueron hechas. El cual por nosotros, los hombres, y por nuestra salvación, bajó de los cielos. [Hágase la genuflexión] Y SE ENCARNÓ, POR OBRA DEL ESPÍRITU SANTO, DE María VIRGEN: Y SE HIZO HOMBRE. Crucificado también por nosotros, padeció (10) *bajo el poder de Poncio Pilato,* y fue sepultado. Y resucitó al tercer día, según las Escrituras. Y subió al cielo; está sentado a la diestra del Padre. Y otra vez ha de venir con gloria a juzgar a los vivos y a los muertos, y su reino no

[S] Creo en un solo Dios, [Todos] Padre Todopoderoso, Creador del cielo y de la tierra, de todo lo visible y lo invisible. Creo en un solo Señor, Jesucristo, Hijo único de Dios nacido del Padre antes de todos los siglos. Dios de Dios, Luz de Luz, Dios verdadero de Dios verdadero. Engendrado, no creado, (9) *de la misma naturaleza del Padre,* por quien todo fue hecho. Que por nosotros y por nuestra salvación bajó del cielo. Y por obra del Espíritu Santo se encarnó de María, la Virgen, y se hizo hombre; Y por nuestra causa fue crucificado (10) *en tiempos de Poncio Pilato:* padeció y fue sepultado, Y resucitó al tercer día, según las Escrituras, y subió al cielo, y está sentado a la derecha del Padre; Y de nuevo vendrá con gloria para juzgar a vivos y muertos, y su reino no tendrá fin. Creo en el Espíritu Santo, Señor y dador de vida, que procede del Padre y del

(8) Las lecturas son seguidas por una homilía que, en consonancia con la práctica protestante, ha permitido atribuir al sacerdote un protagonismo impropio de la liturgia. En efecto, en el rito tradicional el sacerdote era, litúrgicamente hablando, un "nadie", su propia personalidad no contaba para nada. Antes de todos los cambios litúrgicos, la gente no preguntaba quién celebraba la Misa. Pero en el Novus Ordo la personalidad deviene importantísima, y las personas eligen a menudo a qué misa asistirán dependiendo de quién esté celebrando.

(9) En el nuevo rito la profesión de fe se puede hacer, especialmente en el tiempo de Cuaresma y en la Cincuentena pascual, con el llamado "Símbolo de los Apóstoles" conocido popularmente como el "Credo corto".

Es grave que se traduzca *"de la misma naturaleza"*, fórmula por lo menos imprecisa que no expresa con claridad la identidad de substancia entre el Padre y el Hijo. Tanto es así que el Concilio de Nicea, en el año 325, para condenar el arrianismo impuso el término *"consubstancial"* (en griego homoousion, ομοουσιον) en vez del homoiousion, ομοιουσιον (*semejante en la substancia*) de los llamados semiarrianos. La expresión "de la misma naturaleza", más débil aún, proviene de una de las fórmulas de Sirmio, en el año 357; para los arrianos, Cristo era creatura del Padre, con el que nada tenía de consubstancial.

Vale la pena citar aquí lo que pensaba Jacques Maritain (1882-1973). Si bien es acertada la afirmación de Jean Guitton según la cual Maritain fue "uno de los padres de lo que hoy se define como progresismo eclesial", el autor del discutido (y discutible) "Humanismo integral" consideraba "inaceptable" este punto de la traducción del Credo en francés. En un "memorándum" que escribió en 1965 para el papa Paulo VI, Maritain decía:

"Con el pretexto de que la palabra 'sustancia' y, *a fortiori*, la palabra 'consubstancial' son hoy *imposibles*, la traducción francesa de la misa hace decir a los fieles, en el *Credo*, una fórmula que es errónea en sí, e incluso estrictamente hablando, herética. Nos hace decir que el Hijo, engendrado, no creado, es 'de la misma naturaleza que el Padre': que es exactamente el homoiousios de los arrianos o semiarrianos, contrapuesto al homoousios o *consubstantialis*, del Concilio de Nicea. Por rechazar una iota se padeció en aquel tiempo persecución y muerte. Todo esto pertenece al pasado. (…) Si diciendo la palabra *consubstancial* las personas no saben qué quiere decir, se puede esperar que se lo pregunten al clero, que les recordará el catecismo y el sentido del dogma. Pero si estas personas dicen en el *Credo* que el Hijo es de *la misma naturaleza* que el Padre, no se preocuparán nunca de pedir una explicación, precisamente porque se han elegido pala-

vivificantem: qui ex Patre Filioque procedit. Qui cum Patre et Filio simul adoratur, et conglorificatur: qui locutus est per prophetas. Et unum, sanctam, catholicam et apostolicam Ecclesiam. Confiteor unum baptisma in remissionem peccatorum. Et exspecto resurrectionem mortuorum. ✠ Et vitam venturi sæculi. Amen.

[S] Dominus vobiscum.
[C] Et cum spiritu tuo.

[S] Oremus:

tendrá fin. Creo en el Espíritu Santo, Señor y Vivificador, que procede del Padre y del Hijo. Quien con el Padre y el Hijo juntamente es adorado y glorificado; que habló por medio de los Profetas. Creo en la Iglesia que es Una, Santa, Católica, y Apostólica. Confieso que hay un solo Bautismo para el perdón de los pecados. Y espero la resurrección de los muertos. Y la vida ✠ del siglo venidero. Amén.

[S] El Señor sea con vosotros.
[C] Y con tu espíritu.

[S] Oremos.

Hijo, Que con el Padre y el Hijo recibe una misma adoración y gloria, y que habló por los profetas. Creo en la Iglesia, que es una, santa, católica y apostólica. Confieso que hay un solo Bautismo para el perdón de los pecados. Espero la resurrección de los muertos y la vida del mundo futuro. Amén.

Oración de los fieles

FIN PRIMERA PARTE
(Misa de los catecúmenos)

FIN LITURGIA
DE LA PALABRA

bras que para ellos no tienen ninguna dificultad, que entienden tan fácilmente como cuando dicen, hablando con cualquiera, que un pájaro es *de la misma naturaleza* que otro pájaro. ¿Qué importa? —se dirá tal vez—, se trata solo de una fórmula (...) Desde el momento que lo que piensan sobre el Padre y el Hijo es justo y exento de errores, no importa que para expresarlo usen una fórmula aproximada... La verdad es que importa *mucho*. Porque, o bien los fieles en cuestión piensan bien usando una fórmula errónea y *sabiendo* que es errónea: y de hecho esos fieles... están obligados a mantener el silencio o a hablar contra su conciencia; o piensan bien usando una fórmula errónea y *sin saber* que es errónea. En los dos casos se engaña a esos fieles. (...) Añado que los traductores ingleses... no han tenido escrúpulos en usar la palabra *consubstancial*, ni han pensado que los fieles pudieran sin inconvenientes, pensando bien, decir una fórmula que en sí misma está en desacuerdo con la fe católica".

Como se sabe, este error no solo no fue corregido, sino que se ha consolidado su difusión al ser incorporada esta fórmula en algunas traducciones oficiales del Catecismo de la Iglesia Católica.

(10) *Falta la referencia al poder temporal de Pilato.* Se cambió por "en tiempos de Poncio Pilato", lo cual no parece poder fundarse en la importancia de este procurador romano (por cierto, no se lo recordaría hoy si no fuera por su inicuo papel en la Pasión de Cristo).

Este cambio parece intencionalmente buscado para silenciar la concesión que Cristo hizo al poder temporal ("Tú no tendrías poder sobre mí si no te hubiera sido dado de lo Alto", Jn 19, 11), algo que rechazan ciertas corrientes teológicas imbuidas de sociologismo marxista que quieren presentar a Cristo cumpliendo el papel de un rebelde recalcitrante enfrentado a las autoridades romanas de su tiempo.

Mientras el Catecismo de la Iglesia Católica adopta esta imprecisa fórmula, el Denzinger, en su N°86, tomando la versión del texto griego, dice claramente "bajo Poncio Pilatos".

SEGUNDA PARTE DE LA SANTA MISA
(Misa de los fieles)

II. Sacrificio   [sentados]
OFERTORIO

Para comprender bien todas las oraciones que se dirán en adelante, es necesario tener la idea fija en el Sacrificio, aun cuando no se ha ofrecido todavía. (R.P. Andrés Azcárate, *Misal Dominical Completo*, pág. 283, nota 6).

Antífona del Ofertorio

Cambia cada día y se encuentra en el Propio del Misal.
El Sacerdote lee la antífona del Ofertorio, y entonces levanta la Hostia, y al ofrecerla dice:

Ofrecimiento de la Hostia*

Suscipe, sancte Pater, omnipotens æterne Deus, hanc immaculatam hostiam, quam ego indignus famulus tuus offero tibi Deo meo vivo, et vero, pro innumerabilibus peccatis, et offensionibus, et negligentiis meis, et pro omnibus circumstantibus, sed et pro omnibus fidelibus christianis vivis atque defunctis: ut mihi, et illis proficiat ad salutem in vitam æternam. Amen.

(13) Acepta, oh Padre Santo, Dios Omnipotente y Eterno, esta Hostia Immaculada, que *yo, indigno siervo tuyo, ofrezco a Ti,* que eres mi Dios Vivo y Verdadero, *por mis innumerables pecados,* ofensas, y negligencias, y por todos los presentes, y también por todos los fieles cristianos vivos y difuntos; a fin de que *a mí* y *a ellos* nos aproveche para la salvación para la vida eterna. Amén.

LITURGIA EUCARÍSTICA

Preparación de los dones
(11 y 12)

(en secreto, pero puede decirlas también en voz alta) [S] Bendito seas, Señor, Dios del universo, por este pan, fruto de la tierra y del trabajo del hombre, que recibimos de tu generosidad y ahora te presentamos: él será para nosotros pan de vida.

[C] Bendito seas por siempre, Señor.

(11) El **fin inmanente** de la Misa: cualquiera sea la naturaleza del sacrificio, pertenece a la esencia de la finalidad de la Misa el que sea agradable a Dios, aceptable y aceptado por Él. Y el único aceptado ahora con derecho por Dios es el Sacrificio de Cristo. Por el contrario en el Novus Ordo la naturaleza misma de la oblación es deformada en un mero intercambio de dones entre Dios y el hombre: el hombre ofrece el pan que Dios transmuta en "pan de vida"; el hombre lleva el vino que Dios transmuta en "bebida espiritual". Son fórmulas vagas e indefinidas que, de por sí, pueden significar cualquier cosa. El cambio del que se habla es "espiritual" pero no "substancial" (cfr. Breve Examen…, pág. 37-38).

(12) En el Ofertorio se dice: *nobis fiet panis vitae* y *nobis fiet potus spiritalis* respectivamente. Son ambiguas las traducciones: *"será para nosotros pan de vida"* y *"será para nosotros bebida de salvación"*. Por otra parte el verbo latino *fio* significa *hacerse, convertirse*. El pronombre personal latino *nobis* es el dativo antepuesto al verbo. Al traducirse por *será para nosotros* se induce a los fieles al error subjetivista pues se puede interpretar que el pan y el vino "serán" pan de vida y bebida de salvación, no en la realidad, sino tan solo "para nosotros", es decir, "según lo que nos parece a nosotros".

Además, la Iglesia siempre ha distinguido, por una parte, la inmolación incruenta realizada en la consagración, y por otra, la ofrenda sacrificial, considerada esta última como "oblación estrictamente dicha", por la cual los participantes se unen a la oblación sacramental que Cristo sacerdote ha realizado en la persona de su ministro. La inmolación incruenta de la consagración que "se realiza por solo el sacerdote, en cuanto representa la persona de Cristo, no en cuanto representa a los fieles", es propiamente sacramental: acción de Cristo, actúa *ex opere operato*. Por el contrario, la oblación en sentido estricto solamente actúa *ex opere operantis*: esta participación consiste en que los asistentes se unan "por su deseo" a la ofrenda sacramental que Cristo sacerdote hace de sí mismo a su Padre en la persona de su ministro. Como el nuevo misal no hace ninguna distinción, pasa sistemáticamente en silencio la acción propiamente sacramental cuyo único agente es el sacerdote ministerial, bajo la moción de Cristo, sacerdote principal. De ahora en más, la ofrenda no le pertenece propiamente al celebrante sino al pueblo reunido. Por eso el sistemático uso del *plural* en oraciones donde antes había una referencia singular al sacerdote o directamente su eliminación (p.ej. "Acepta, oh Padre santo…", pág. 108).

(13) La eliminación de la oración "Acepta, oh Padre santo…" responde a la pretensión protestante de negar el carácter sacrificial propiciatorio de la

*El Sacerdote echa en el Cáliz un poco de vino con unas gotas
de agua, símbolo el vino de la divinidad y el agua de la humanidad, que
actúan juntas en el santo Sacrificio;
diciendo entre tanto:*

Deus, ✠ qui humanæ substantiæ dignitatem mirabiliter condidisti, et mirabilius reformasti: da nobis per hujus aquæ et vini mysterium, ejus divinitatis esse consortes, qui humanitatis nostræ fieri dignatus est particeps, Jesus Christus, Filius tuus, Dominus noster: Qui tecum vivit et regnat in unitate Spiritus Sancti Deus: per omnia sæcula sæculorum. Amen.

(14) Oh Dios ✠ que maravillosamente formaste la dignidad de la naturaleza humana, y más maravillosamente la restauraste, danos, por el misterio que representa la mezcla de esta agua y vino, ser partícipes de la Divinidad de Aquél que se dignó **(15)** *hacerse partícipe de nuestra humanidad,* Jesucristo, Hijo tuyo, Señor nuestro, que siendo Dios, vive y reina contigo en unidad del Espíritu Santo, por todos los siglos de los siglos. Amén.

ELIMINADO

[S] (en secreto)
El agua unida al vino sea signo de nuestra participación en la vida divina de quien ha querido **(15)** *compartir nuestra condición humana.*

Ofrecimiento del Cáliz

*Lo mismo que ha ofrecido antes la Hostia,
el Sacerdote ofrece ahora el Cáliz.*

Offerimus tibi, Domine, calicem salutaris, tuam deprecantes clementiam: ut in conspectu divinæ majestatis tuæ, pro nostra, et totius mundi salute cum odore suavitatis ascendat. Amen.

(16) Te ofrecemos, Señor, el Cáliz de salvación, implorando tu clemencia, para que suba en olor de suavidad hasta la presencia de tu Divina Majestad, por nuestra salvación y por la del mundo entero. Amén.

ELIMINADO

Misa, salvo en el sentido de un mero sacrificio de alabanza; para ellos la Cena es una especie de comida comunitaria. Los redactores del nuevo misal juzgaron que era preciso restituir lo que hoy llamamos "el relato de la institución" de la eucaristía, al contexto que le es propio, el de la *berakhá* ritual de la comida judía ("Bendito seas, Señor, …). Estas palabras son las de una acción de gracias ordenada enteramente al banquete pascual.

(14) La oración "Oh Dios…" recordaba a la vez la primitiva condición de inocencia del hombre y su presente condición redimida por Cristo.

(15) En otra fórmula traducida se decía lo siguiente: *"Por el misterio de este agua y vino, haznos partícipes de la divinidad de Aquel que se dignó participar de nuestra humanidad"*. Hay diferencia en el acento: no es lo mismo que Cristo participe de nuestra humanidad que comparta nuestra condición humana. Esta condición implica necesariamente el pecado y todas sus lacras. Aquí no se aclara de ninguna manera que Cristo no pudo compartir este aspecto ineludible de la condición humana ni tampoco el hecho de que, Cristo, si bien es verdadero hombre porque tiene la misma naturaleza que nosotros, *no la tiene en idénticas condiciones de existencia que nosotros* (cfr. O.E. 4, pág. 125). Por ejemplo:

- Nace de una mujer, pero es una Virgen, sin intervención de varón (Lc 1, 34-35).

- Crece y se hace mayor, aprende un oficio, pero también sabe lo que no aprende: "¿Cómo sabe éste letras, no habiendo estudiado?" (Jn 7, 15).

- Es tentado, pero solo exteriormente: "Viene el príncipe de este mundo, que en Mí no tiene nada" (Jn 14, 30).

- No siente la tristeza o la ira sino que él las enciende: "Jesús, viéndola llorar… se turbó a sí mismo" (Jn 11, 33).

- Sufre el extremo dolor, pero junto con el extremo gozo beatífico: "Digo estas cosas estando aún en el mundo, para que ellos tengan en sí mismos el gozo cumplido que tengo Yo" (Jn 17, 13).

- Muere, pero no le quitan su vida, sino que la entrega y la recupera: "Tengo el poder de ponerla (mi vida), y tengo el poder de recobrarla" (Jn 10, 18).

(16) Se suprime la oración propiciatoria "Offerimus tibi" que imploraba la clemencia. El sacrificio de la Misa se ofrece a Dios para cuatro fines. Uno de ellos es el *propiciatorio*, para aplacarlo y darle alguna satisfacción de nuestros pecados y para ofrecerle sufragios por las almas del purgatorio

Ofrecimiento de los fieles

In spiritu humilitatis, et in animo contrito suscipiamur a te, Domine: et sic fiat sacrificium nostrum in conspectu tuo hodie, ut placeat tibi, Domine Deus.

Recíbenos, Señor, al presentarnos a Ti con espíritu de humildad y corazón contrito; y que el sacrificio que hoy te ofrecemos, oh Señor Dios, llegue a tu presencia, de manera que te sea grato.

Invocación al Espíritu Santo

Veni, sanctificator omnipotens æterne Deus: et bene ✠ dic hoc sacrificium, tuo sancto nomini præparatum.

(18) Ven, Santificador, Omnipotente y eterno Dios, y ben ✠ dice este sacrificio preparado para gloria de tu Santo Nombre.

Ablución de las manos

El sacerdote se lava los dedos al lado de Epístola para expresar el deseo de pureza interior y reza el Salmo 25

Lavabo inter innocentes manus meas; et circumdabo altare tuum, Domine. Ut audiam vocem laudis, et enarrem universa mirabilia tua. Domine, dilexi decorem domus tuæ, et locum habitationis gloriæ tuæ. Ne perdas cum impiis, Deus, animam meam, et cum viris sanguinum vitam meam: In quorum manibus iniquitates sunt: dextera eorum repleta est muneribus. Ego autem in innocentia mea ingressus sum: redime me, et miserere mei. Pes meus stetit in directo: in ecclesiis benedicam te, Domine. Gloria Patri, et Filio, et Spiritui Sancto. Sicut erat in principio, et nunc, et semper, et in sæcula sæculorum. Amen.

Lavaré mis manos entre los inocentes, y circundaré, Señor, tu altar: Para oír la voz de tu alabanza y pregonar todas tus maravillas. Señor, he amado el decoro de tu casa, y el lugar donde reside tu gloria. No pierdas, Dios mío, mi alma con los impíos, ni la vida mía con los hombres sanguinarios: en cuyas manos no se ve más que iniquidad, y cuya diestra está colmada de sobornos. Mas, yo he procedido según mi inocencia. Sálvame, Señor, y apiádate de mí. Mi pie ha permanecido en el camino recto; en las asambleas de los fieles te bendeciré, Señor. Gloria al Padre, y al Hijo, y al Espíritu Santo. Como era en el principio, y ahora, y siempre, y por los siglos de los siglos. Amén

---

[S] Bendito seas Señor, Dios del universo, por este vino, fruto de la vid y del trabajo del hombre, que recibimos de tu generosidad y ahora **(17)** *te presentamos*: el será para nosotros bebida de salvación. [C] Bendito seas por siempre, Señor.

[S] (en secreto) Acepta, Señor, nuestro corazón contrito y nuestro espíritu humilde; que este sea hoy nuestro sacrificio y que sea agradable en tu presencia, Señor, Dios nuestro.

ELIMINADO

Lavatorio de las manos

[S] (en secreto) Lava del todo mi delito, Señor, limpia mi pecado.

(los otros tres son el fin *latréutico o adoración*, el *eucarístico* o de *acción de gracias* por sus beneficios y el *impetratorio o de petición*). En el Novus Ordo se diluye el aspecto propiciatorio por los pecados, sea de los vivos, sea de los difuntos, en beneficio de la nutrición y santificación de los presentes.

(17) En el Ofertorio del pan y del vino se traduce *tibi offerimus* por "*te presentamos*", en lugar de "*te ofrecemos*". Obsérvese que el verbo *ofrecer* posee cierto sentido sagrado, del cual carece el verbo *presentar*.

(18) Supresión de la oración "Ven Santificador…".

Ofrenda a la Santísima Trinidad
Volviendo al centro del altar y un poco inclinado, dice:

Suscipe, sancta Trinitas, hanc oblationem, quam tibi offerimus ob memoriam passionis, resurrectionis, et ascensionis Jesu Christi Domini nostri: et in honorem beatæ Mariæ semper Virginis, et beati Joannis Baptistæ, et sanctorum Apostolorum Petri et Pauli, et istorum, et omnium Sanctorum: ut illis proficiat ad honorem, nobis autem ad salutem: et illi pro nobis intercedere dignentur in cælis, quorum memoriam agimus in terris. Per eundem Christum Dominum nostrum. Amen.

(19) Acepta, Trinidad Santa, esta **a)** *oblación,** que te ofrecemos en memoria de la Pasión, Resurrección, y Ascensión de Jesucristo, Nuestro Señor, **b)** *y en honor* de la bienaventurada **c)** *siempre* Virgen María, y el bienaventurado San Juan Bautista, y los Santos Apóstoles Pedro y Pablo, y de estos y de todos los Santos; para que a ellos les sirva de honra, **d)** *y a nosotros nos aproveche para la salvación;* **e)** y *se dignen interceder* por nosotros en el Cielo aquellos cuya memoria veneramos en la tierra. Por el mismo Cristo, nuestro Señor. Amén.

ELIMINADO

Intercambio de oraciones
El Sacerdote besa el altar, se vuelve al pueblo, y dice:

[S] Orate, fratres: ut meum ac vestrum sacrificium acceptabile fiat apud Deum Patrem omnipotentem.

[S] Orad, hermanos, para que este sacrificio mío y vuestro, sea hecho aceptable a Dios Padre Todopoderoso.

[C]Suscipiat Dominus sacrificium de manibus tuis, ad laudem et gloriam nominis sui, ad utilitatem quoque nostram, totiusque Ecclesiæ suæ sanctæ. [S] Amen.

[C] Reciba el Señor de tus manos este sacrificio para alabanza y gloria de su Nombre, y también para nuestro provecho y el de toda su Santa Iglesia. [S] Amén.

Oración-Secreta
El Sacerdote reza las secretas, que terminan:

S] Per omnia sæcula sæculorum. [C] Amen.

[S] Por todos los siglos de los siglos. [C] Amén.

PREFACIO

[S] Dominus vobiscum.

[S] El Señor sea con vosotros.

[C] Et cum spiritu tuo.

[C] Y con tu espíritu.

(20) Oración sobre las ofrendas

[S] Orad, hermanos, para que este sacrificio, mío y vuestro, sea agradable a Dios, Padre todopoderoso.

[C] El Señor reciba de tus manos este sacrificio, para alabanza y gloria de su Nombre, para nuestro bien y el de toda su santa Iglesia.

El sacerdote dice a continuación la oración sobre las ofrendas que introduce a la Plegaria Eucarística, y concluye:

[S] Por Jesucristo nuestro Señor. [C] Amén.

PLEGARIA EUCARÍSTICA PREFACIO

[S] El Señor esté con vosotros.

[C] Y con tu espíritu.

El P. Azcárate anotaba en este punto: "No la oblación material del pan y del vino que están sobre el altar, sino la ofrenda de la divina Víctima que se va a inmolar" (nota 13, pág. 289).

(19) Desaparece del Ofertorio esta plegaria ("Acepta, Trinidad santa…") que alude al fin último de la Misa que es la alabanza que debe tributarse a la Santísima Trinidad. Además habla con notable precisión en pocas palabras sobre *cinco puntos* "conflictivos" para los protestantes: **a)** es una *oblación* que **b)** se ofrece en *honor* de la **c)** *siempre* Virgen María y de los santos, **d)** que *nos aprovecha* para la salvación y **e)** se pide la *intercesión* de la Santísima Virgen y de los santos. También desapareció la oración a la Santísima Trinidad de la conclusión pues ya no se dirá más "Séate grato…" (véase pág. 156 y cfr. nota 70) y el prefacio de la Santísima Trinidad se dirá solo una vez al año (fiesta de la Santísima Trinidad, véase pág. 116).

(20) Como se observa, desaparece en la "presentación de los dones" el clima sacrificial que caracteriza al ofertorio del rito tradicional: este último precisa que el sacrificio se ofrece por nuestros pecados (*Suscipe sancte Pater*), puesto que queremos separarnos de nuestros pecados y de los impíos por la contrición (*Lavabo*). A Dios le ofrecemos la hostia inmaculada (*Suscipe sancte Pater*) y el cáliz de salvación (*Offerimus*), en el marco de la Redención obrada por Jesucristo (*Deus, qui humanae* y *Suscipe, sancta Trinitas*), recurriendo a la intercesión de los santos (*Suscipe sancta Trinitas*). Le imploramos a Dios humildemente (*In spiritu humilitatis*) que acepte (*ibidem*), por su misericordia, este sacrificio para gloria de su nombre (*Veni, Sanctificator* y *Suscipe sancta Trinitas*), para que nos alcance la salvación (*Suscipe sancte Pater, Offerimus* y *Suscipe, sancta Trinitas*) a los vivos y a los difuntos (*Suscipe sancte Pater*). Estas alusiones tan numerosas ya no aparecen en la nueva "presentación de los dones". Por esto, puede decirse (en coincidencia con los mismos impulsores de la reforma litúrgica): "Se ha pasado de un sentido directo de ofertorio a una simple presentación y colocación sobre el altar de los dones que serán 'pan de vida y bebida de salvación' (J. M. Martín Patino, A. Pardo, A. Iniesta y P. Farnes, *Nuevas normas de la Misa*, BAC, p. 125, cit. en *El problema de la reforma litúrgica*, Fundación San Pío X).

La lectura de la *Institutio generalis Missalis romani* (IGMR) no deja ninguna duda sobre este tema: la finalidad propiciatoria y satisfactoria se mencionan una sola vez (N°2), mientras que la finalidad eucarística aparece varias veces (N°2, 4, 78, 79, 296, 364). Además, mientras en la IGMR se habla permanentemente de "celebración eucarística", de "liturgia eucarística", de "plegaria eucarística", la expresión "sacrificio de la misa", queda convertida en algo casi obsoleto (cfr. *El problema de la reforma litúrgica*, pág. 45).

[S] Sursum corda.

[S] ¡Arriba los corazones!

[S] Levantemos el corazón.

[C] Habemus ad Dominum.

[C] Los tenemos elevados al Señor.

[C] Lo tenemos levantado hacia el Señor.

[S] Gratias agamus Domino Deo nostro.

[S] Demos gracias al Señor, nuestro Dios.

[S] Demos gracias al Señor, nuestro Dios.

[C] Dignum et iustum est.

[C] Digno y justo es.

[C] Es justo y necesario.

Por muchos Domingos, el Prefacio es de la Santísima Trinidad:

Vere dignum et iustum est, æquum et salutare, nos tibi semper et ubique gratias agere: Domine, sancte Pater, omnipotens æterne Deus: Qui cum unigenito Filio tuo, et Spiritu Sancto, unus es Deus, unus es Dominus: non in unius singularitate personæ, sed in unius Trinitate substantiæ. Quod enim de tua gloria, revelante te, credimus, hoc de Filio tuo, hoc de Spiritu Sancto, sine differentia discretionis sentimus. Ut in confessione veræ sempiternæque Deitatis, et in personis proprietas, et in essentia unitas, et in majestate adoretur æqualitas. Quam laudant Angeli atque Archangeli, Cherubim quoque ac Seraphim: qui non cessant clamare quotidie, una voce dicentes.

(21) Verdaderamente es digno y justo, equitativo, y saludable, el darte gracias en todo tiempo y en todo lugar, Señor, Padre Santo, Dios Omnipotente y Eterno. Que con tu Unigénito Hijo, y con el Espíritu Santo, eres un solo Dios, eres un solo Señor, no en la singularidad de una sola persona, sino en la Trinidad de una sola substancia. Por lo cual, lo que creemos de tu Gloria, por tu revelación, lo creemos también de tu Hijo, y del Espíritu Santo, sin diferencia ni distinción. Para que confesando una verdadera y eterna Divinidad, sea adorada la propiedad en las personas, la unidad en la esencia, y la igualdad en la Majestad. La que alaban ángeles y Arcángeles, Querubines y Serafines, que no cesan de exclamar a diario, diciendo a una voz:

ELIMINADO

(solo se reza una vez en el año)

ORACIÓN EUCARÍSTICA 1

[S] *prefacio variable (Prefacio IX Dominical del Tiempo Ordinario)*
En verdad es justo bendecirte y darte gracias, Padre santo, fuente de la verdad y de la vida, porque nos has convocado en tu casa en este día de fiesta.
(22) Hoy, **(a)** tu familia, reunida

O, en los días de semana, el Prefacio común:

Vere dignum et iustum est, æquum et salutare, nos tibi semper et ubique gratias agere: Domine, sancte Pater, omnipotens æterne Deus: per Christum Dominum nostrum.

Verdaderamente es digno y justo, equitativo, y saludable, el darte gracias en todo tiempo y en todo lugar, Señor, Padre Santo, Dios Todopoderoso y Eterno, por Jesucristo Nuestro

(21) Antes la divinidad de Jesús se exaltaba en muchos domingos del año con estas inequívocas palabras. Ahora, solo se reza solamente el día de la fiesta de la Santísima Trinidad.

(22) Es interesante analizar este Prefacio IX (que en el rito nuevo se indica rezar en todos los domingos del Tiempo Ordinario). Me atrevo a decir que **jamás en la historia de las rúbricas de la Iglesia se dijeron tantas ambigüedades e imprecisiones en tan pocas líneas.** Veamos: (a) "tu familia", así a secas, expresión vaga que no identifica a qué se refiere y a la que ni siquiera se la califica de "santa"; (b) "reunida en la escucha de tu Palabra, y en la comunión del pan único y partido", fórmula que pone nuevamente en pie de igualdad la Liturgia de la Palabra y la Liturgia Eucarística con el agravante de que se omite totalmente la dimensión oblativa y sacrificial (ni hablemos del fin expiatorio), centrando el culto eucarístico en la sola comunión de… ¡pan! Los adjetivos "único" y "partido" no logran cambiar la gravísima impresión de que se trata meramente de pan y no del Cuerpo y la Sangre de Nuestro Señor. Sería interesante que los redactores del Novus Ordo nos explicaran, además, qué quisieron significar con lo de pan "partido"; (c) "celebra el memorial del Señor resucitado", obvia referencia a la Teoría del Misterio Pascual en los términos en que la hemos caracterizado en este mismo trabajo (pág. 64). Ninguna mención de la renovación o actualización del Sacrificio de la Cruz; (d) "mientras espera el domingo sin ocaso en el que la humanidad entera entrará en tu descanso", sorprendente afirmación "esjatológica" que pretende insinuar una salvación de todos los hombres sin distinción alguna y sin juicio, muy acorde con la herejía antigua de la "apocatástasis" (la salvación final de todos, incluidos los demonios y los que murieron impenitentes) condenada por el papa Vigilio en el siglo VI (Dz 211) y, también, muy acorde a las nuevas teorías sobre el "infierno vacío" que estamos escuchando en nuestros días. ¡Notable muestra de vaguedad teológica en sólo 41 palabras!

ORACIÓN EUCARÍSTICA 2	ORACIÓN EUCARÍSTICA 3	ORACIÓN EUCARÍSTICA 4
S] *Prefacio propio, opción variable.*	[S] *Prefacio variable. (Prefacio de los Domingos del Tiempo Ordinario III).*	[S] *Prefacio propio e invariable.*
En verdad es justo y necesario, es nuestro deber y salvación darte gracias, Padre Santo, siempre y en todo lugar, por Jesucristo, tu Hijo amado. Por él, que es tu Palabra, hiciste todas las cosas; tú nos lo enviaste para que, hecho hombre	En verdad es justo y necesario, es nuestro deber y salvación darte gracias siempre y en todo lugar, Señor, Padre Santo, Dios todopoderoso y eterno. Porque reconocemos como obra de tu poder admirable no solo haber socorrido	En verdad es justo darte gracias, y deber nuestro glorificarte, Padre Santo, porque tú eres el *único Dios* vivo y verdadero que existes desde siempre; y vives para siempre; luz sobre toda luz. Porque tú solo eres bueno y la fuente de la

117

		ORACIÓN EUCARÍSTICA 1
Per quem majestatem tuam laudant Angeli, adorant Dominationes, tremunt Potestates. Cæli cælorumque Virtutes, ac beata Seraphim, socia exsultatione concelebrant. Cum quibus et nostras voces, ut admitti jubeas deprecamur, supplici confessione dicentes:	Señor. Por quien los ángeles alaban tu Majestad, la adoran las Dominaciones y tiemblan las Potestades. Los cielos y las Virtudes de los Cielos y los bienaventurados Serafines la ensalzan juntos con común regocijo. Con los cuales rogamos te dignes concedernos unir nuestras voces a las suyas, diciendo con alabanza suplicante:	**(b)** *en la escucha de tu Palabra, y en la comunión del pan único y partido,* **(c)** *celebra el memorial del Señor resucitado,* mientras espera el domingo sin ocaso en el que **(d)** *la humanidad entera entrará en tu descanso.* Entonces contemplaremos tu rostro y alabaremos por siempre tu misericordia. Con esta gozosa esperanza, y unidos a los ángeles y santos, cantamos unánimes el himno de tu gloria:
		Aclamación o "Santo"
[Todos] Sanctus, Sanctus, Sanctus, Dominus Deus Sabaoth. Pleni sunt cæli et terra gloria tua. Hosanna in excelsis. Benedictus qui venit in nomine Domini. Hosanna in excelsis.	[Todos] Santo, Santo, Santo, es el Señor **(24)** *Dios de los Ejércitos.* Llenos están los cielos y la tierra de tu gloria, Hosanna en las alturas. Bendito el que viene en Nombre del Señor. Hosanna en las alturas.	[Todos] Santo, Santo, Santo, es el Señor, **(24)** *Dios del Universo.* Llenos están el cielo y la tierra de tu gloria. Hosanna en el cielo. Bendito el que viene en nombre del Señor. Hosanna en el cielo.

La campanilla suena tres veces   [DE RODILLAS]

EL CANON DE LA MISA (25)

REALIZACIÓN DEL SACRIFICIO

Súplica por la Iglesia
El Sacerdote reza profundamente inclinado (y los fieles con él) y en silencio

---

(23) En la versión latina de la Plegaria Eucarística 4 se encuentran las palabras *quia unus es Deus vivus et verus* ("que eres *un Dios* vivo y verdadero"), y no se enseña ninguna herejía explícita. Sin embargo, incluso en latín, aparte del Credo, no hay ninguna expresión clara de la doctrina de la Santísima Trinidad (recuérdese que el Prefacio de la Santísima Trinidad ahora solo se reza una vez al año). La errónea traducción de *unus Deus* por "*Tú eres el único Dios*" claramente se aparta de la norma tradicional. En ausencia de cualquier otra referencia al Hijo o al Espíritu Santo en esta plegaria, el uso de la palabra "único" parece ser una negación explícita de la doctrina de la Santísima Trinidad –pero definitivamente es una negación *implícita,* al menos. Es por esta razón que algunos se han referido a esta plegaria

ORACIÓN EUCARÍSTICA 2	ORACIÓN EUCARÍSTICA 3	ORACIÓN EUCARÍSTICA 4
por obra del Espíritu Santo y nacido de María la Virgen, fuera nuestro Salvador y Redentor. Él, en cumplimiento de tu voluntad, para destruir la muerte y manifestar la resurrección, extendió sus brazos en la cruz, y así adquirió para ti un pueblo santo. Por eso, con los ángeles y los santos, proclamamos tu gloria diciendo:	nuestra débil naturaleza con la fuerza de tu divinidad, sino haber previsto el remedio en la misma debilidad humana, y de lo que era nuestra ruina haber hecho nuestra salvación, por Cristo nuestro Señor. Por él, los ángeles te cantan con júbilo eterno, y nosotros nos unimos a sus voces cantando humildemente tu alabanza:	vida, hiciste todas las cosas, para colmarlas de tus bendiciones y alegrar su multitud con la claridad de tu gloria. Por eso, innumerables ángeles en tu presencia, contemplando la gloria de tu rostro, te sirven siempre y te glorifican sin cesar. Y con ellos también nosotros, llenos de alegría, y por nuestra voz las demás criaturas, aclamamos tu nombre cantando: **(23)**
[Todos] Santo, Santo, Santo, es el Señor, **(24)** *Dios del Universo.* Llenos están el cielo y la tierra de tu gloria. Hosanna en el cielo. Bendito el que viene en nombre del Señor. Hosanna en el cielo.	[Todos] Santo, Santo, Santo, es el Señor, **(24)** *Dios del Universo.* Llenos están el cielo y la tierra de tu gloria. Hosanna en el cielo. Bendito el que viene en nombre del Señor. Hosanna en el cielo.	[Todos] Santo, Santo, Santo, es el Señor, **(24)** *Dios del Universo.* Llenos están el cielo y la tierra de tu gloria. Hosanna en el cielo. Bendito el que viene en nombre del Señor. Hosanna en el cielo.

eucarística como "el Canon arriano" (el hereje Arrio, siglo III-IV, negó la doctrina católica de la Trinidad).

(24) En la aclamación que sigue al Prefacio, es decir, en el Sanctus, se traduce *Dominus Deus Sabaoth* por el *Señor, Dios del Universo.* La voz hebrea "Sabaoth" significa "de los Ejércitos", y se refiere tanto a los Ejércitos de la Iglesia triunfante (los ángeles y los santos del Cielo) como a los Ejércitos de la Iglesia militante o peregrinante. Queda silenciado, por tanto, el carácter de milicia de Cristo que debemos tener los fieles cristianos, tanto en el ámbito individual, como familiar y social.

(25) Y llegamos al **CANON**, la oración eucarística central, en la que se ofrece una elección sin precedentes entre cuatro textos que, salvo la narración de la institución en la última Cena, difieren notoriamente entre sí. Reiteramos que aquí el **Sacrificio Propiciatorio** de la Misa ya no está expresado de un modo explícito, claro y perceptible para el pueblo, pues la definición de la plegaria eucarística en la IGMR (N°78), si bien menciona el ofrecimiento del sacrificio, no aclara de qué sacrificio se trata ni quién es el que lo ofrece. Se mencionan los **efectos** de ella: plegaria de acción de gracias y de santificación, pero se silencia la **causa,** que es, precisamente la oblación del sacrificio del Cuerpo y Sangre del Señor para el perdón de los pecados.

ORACIÓN EUCARÍSTICA 1

Te igitur, clementissime Pater, per Jesum Christum Filium tuum, Dominum nostrum, supplices rogamus ac petimus uti accepta habeas et benedicas hæc ✠ dona, hæc ✠ munera, hæc ✠ sancta sacrificia illibata; in primis, quæ tibi offerimus pro Ecclesia tua sancta catholica; quam pacificare, custodire, adunare, et regere digneris toto orbe terrarum: una cum famulo tuo Papa nostro N., et Antistite nostro N., et omnibus orthodoxis atque catholicæ, et apostolicæ fidei cultoribus.

Suplicámoste, pues, y te pedimos, oh Padre Clementísimo, por Jesucristo tu Hijo, Señor nuestro, que aceptes y bendigas estos ✠ dones, estas ✠ ofrendas, estos ✠ santos sacrificios sin mancilla, que te ofrecemos en primer lugar por tu Santa Iglesia Católica. Dígnate darle paz, defenderla, mantenerla unida y gobernada por toda la redondez de la tierra; juntamente con tu siervo, nuestro Papa N., y nuestro Obispo N., y **(26)** todos los *ortodoxos*, que profesan la fe católica y apostólica.

Padre misericordioso, te pedimos humildemente por Jesucristo, tu Hijo, nuestro Señor, que aceptes y bendigas estos † dones, este sacrificio santo y puro que te ofrecemos, ante todo, por tu Iglesia santa y católica, para que le concedas la paz, la protejas, la congregues en la unidad y la gobiernes en el mundo entero, con tu servidor el Papa N., con nuestro obispo N. y todos los demás obispos que, **(26)** *fieles a la verdad*, promueven la fe católica y apostólica.

Conmemoración ("Memento") de los vivos

Memento Domine, famulorum famularumque tuarum N., et N., et omnium circumstantium quorum tibi fides cognita est, et nota devotio, pro quibus tibi offerimus: vel qui tibi offerunt hoc sacrificium laudis, pro se, suisque omnibus: pro redemptione animarum suarum, pro spe salutis et incolumitatis suæ: tibique reddunt vota sua æterno Deo, vivo et vero.

Acuérdate, Señor, de tus siervos y siervas, N. y N., y de todos los aquí presentes, cuya fe y devoción te son conocidas, por los cuales te ofrecemos, o ellos mismos te ofrecen este sacrificio de alabanza, por sí y por todos los suyos, **(27)** *por la redención de sus almas*, y por la esperanza de su salvación y conservación, y encomiendan sus deseos a Ti, Dios Eterno, vivo y verdadero.

Memento de los vivos

Acuérdate, Señor, de tus hijos N. y N., y de todos los aquí reunidos, cuya fe y entrega bien conoces; por ellos y todos los suyos, **(27)** por el perdón de sus pecados y la salvación que esperan, te ofrecemos, y ellos mismos te ofrecen este sacrificio de alabanza, a ti, eterno Dios, vivo y verdadero.

Se *suprime* la referencia a las jerarquías angélicas en las Tres Oraciones Eucarísticas (2, 3 y 4). (Solo se habla de arcángeles y ángeles en la O.E. 1). Al mencionar a la Virgen María, no se le agrega "*siempre*". Téngase presente que los protestantes admiten la expresión que aparece en San Lucas de "la Virgen María", pero no la de "María siempre Virgen", ya que niegan obstinadamente el dogma de la virginidad perpetua de la Madre de Dios.

(26) Se elimina la palabra "ortodoxos" en la Oración Eucarística 1. En la Oración Eucarística 4 la Iglesia es humillada en cuanto tal por la fórmula que reemplaza "ortodoxos que profesan la fe católica y apostólica" por la que dice: "todo tu pueblo santo y de aquellos que te buscan con sincero

ORACIÓN EUCARÍSTICA 2	ORACIÓN EUCARÍSTICA 3	ORACIÓN EUCARÍSTICA 4

corazón" (véase pág. 139) (cfr. Roger-Thomas Calmel, OP, *El Canon Romano*, pág. 65). Ya no hay referencia explícita a la fe ortodoxa respecto de la Iglesia. Las omisiones parecen calculadas para velarnos y disimularnos una verdad primordial sobre los frutos del Santo Sacrificio. Parece ignorarse que si la Misa aprovecha a los propios no bautizados es obteniéndoles gracias para convertirse a la Iglesia Católica *como tal*.

En las nuevas Oraciones Eucarísticas (2, 3 y 4), sin excepción alguna, se ha reducido sistemáticamente las cinco oraciones que preparan la consagración, a una sola oración, escandalosamente breve y rápida.

(27) Se elimina la referencia a la salvación de *las almas*.

Invocación de los santos

ORACIÓN EUCARÍSTICA 1
Memento de los santos (28)

Communicantes, et memoriam venerantes, in primis gloriosæ semper Virginis Mariæ, Genetricis Dei et Domini nostri Iesu Christi: sed et beati Ioseph, eiusdem Virginis Sponsi, et beatorum Apostolorum ac Martyrum tuorum, Petri et Pauli, Andreæ, Iacobi, Ioannis, Thomæ, Iacobi, Philippi, Bartholomæi, Matthæi, Simonis et Thaddæi; Lini, Cleti, Clementis, Xysti, Cornelii, Cypriani, Laurentii, Chrysogoni, Ioannis et Pauli, Cosmæ et Damiani: et omnium Sanctorum tuorum; quorum meritis, precibusque concedas, ut in omnibus protectionis tuæ mu-niamur auxilio. Per eundem Christum Dominum nostrum. Amen.

Unidos en la misma comunión, veneramos la memoria, en primer lugar de la Gloriosa siempre Virgen María, Madre de Jesucristo, Nuestro Dios y Señor; y también la de San José, esposo de la misma Virgen, de tus bienaventurados Apóstoles y Mártires, Pedro y Pablo, Andrés, Santiago, Juan, Tomás, Santiago, Felipe, Bartolomé, Mateo, Simón y Tadeo; Lino, Cleto, Clemente, Sixto, Cornelio, Cipriano, Lorenzo, Crisógono, Juan y Pablo, Cosme y Damián, y de todos tus Santos, por cuyos méritos y ruegos te suplicamos nos concedas que en todas las cosas el auxilio de tu protección nos defienda. Por el mismo Cristo, Nuestro Señor. Amén.

Reunidos en comunión con toda la Iglesia, veneramos la memoria, ante todo, de la gloriosa siempre Virgen María, Madre de Jesucristo, nuestro Dios y Señor; la de su esposo, San José; la de los santos apóstoles y mártires Pedro y Pablo, Andrés, (Santiago y Juan, Tomás, Santiago, Felipe, Bartolomé, Mateo, Simón y Tadeo; Lino, Cleto, Clemente, Sixto, Cornelio, Cipriano, Lorenzo, Crisógono, Juan y Pablo, Cosme y Damián), y la de todos los santos; por sus méritos y oraciones concédenos en todo tu protección. (Por Cristo nuestro Señor. Amén.)

Hanc igitur oblationem servitutis nostræ, sed et cunctæ familiæ tuæ, quæsumus, Domine, ut placatus accipias: diesque nostros in tua pace disponas, atque ab æterna damnatione nos eripi, et in electorum tuorum iubeas grege numerari. Per Christum Dominum nostrum. Amen

Te suplicamos, pues, Señor, te dignes aceptar (29) *aplacado* esta oblación de nuestra servidumbre, que es también la de toda tu familia. Dispón en tu paz los días de nuestra vida, y manda que seamos preservados de la eterna condenación y contados en la grey de tus elegidos. Por Cristo, Nuestro Señor. Amén.

Acepta, Señor, **(29)** *en tu bondad*, esta ofrenda de tus siervos y de toda tu familia santa; ordena en tu paz nuestros días, líbranos de la condenación eterna y cuéntanos entre tus elegidos. (Por Cristo nuestro Señor. Amén.)

---

(28) En tres de las Oraciones Eucarísticas (2, 3 y 4) no se nombran a ninguno de los santos, ni siquiera a san Pedro y san Pablo. No se habla de sus méritos. En cuanto a la Virgen ya hemos señalado el sugestivo silencio sobre su virginidad perpetua (véase O.E. 4, pág. 125). Si se considera esto (la falta de mención de los santos) junto con que ya no se aplican los merecimientos de la Pasión de Cristo a personas individuales, vivas o muertas,

ORACIÓN EUCARÍSTICA 2	ORACIÓN EUCARÍSTICA 3	ORACIÓN EUCARÍSTICA 4
ELIMINADO	ELIMINADO	ELIMINADO

es imposible rehuir la conclusión de que el propósito deliberado ha sido conciliar los tradicionales prejuicios protestantes acerca de estos puntos. (cfr. *Breve Examen...*, pág. 79; *El Canon Romano*, pág. 64).

(29) Ese Padre ya no tiene que ser "aplacado" por el sacrificio de Nuestro Señor: basta con que acepte nuestra ofrenda con benevolencia.

Epíclesis		ORACIÓN EUCARÍSTICA 1 Epíclesis
Quam oblationem tu, Deus, in omnibus quæsumus, bene ✠ dictam, adscrip ✠ tam, ra ✠ tam, rationabilem, acceptabilemque facere digneris: ut nobis Cor ✠ pus et San ✠ guis fiat dilectissimi Filii tui Domini nostri Iesu Christi	La cual oblación te suplicamos, oh Dios, te dignes hacerla en todo ben ✠ dita, adscrip ✠ ta, ratifi ✠ cada, espiritual y agradable, a fin de que se nos convierta en el Cuer ✠ po y San ✠ gre de tu amadísimo Hijo, Señor Jesucristo.	(30) Bendice y santifica, oh Padre, esta ofrenda haciéndola perfecta, espiritual y digna de Ti, de **MODIFICADO** manera que sea Cuerpo y Sangre de tu Hijo amado, Jesucristo, nuestro Señor.

(30) En la traducción de esta oración se han suprimido algunas palabras, pero el sentido era muy preciso y no debían ser sacadas. Así: la bendición santifica la víctima, haciéndola capaz de ser ofrecida a Dios (benedictam); la oblación entrega la víctima a Dios, que la apropia (adscriptam); la oblación así aceptada, confirmada y ratificada (ratam), da lugar a proceder a su inmolación; por la consumación la Víctima es despojada de su materialidad y elevada a un estado más digno y santo, más espiritual (rationabilem); y la Comunión requiere por parte de Dios la previa aceptación (acceptabilem).

(31) En la Oración Eucarística 2 no hay referencia a *oblatio, hostia, sacrificium*. La palabra *altar* es desconocida para las tres Preces (2, 3 y 4): "Rara vez se utiliza en el Novus Ordo la palabra "hostia", que es tradicional en los libros litúrgicos y que se emplea con su sentido propio de "víctima". Y esto responde perfectamente a aquella intención habitual, que en el mismo Novus Ordo procura poner en evidencia únicamente los aspectos de "cena" y de "comida" (*Breve examen crítico…*, pág. 55 nota 12).

Téngase presente el vocabulario utilizado por la IGMR cuyas omisiones son significativas. En sus dos primeras ediciones no aparecía ni una sola vez la palabra "transubstanciación", ni siquiera la expresión "Presencia real". Esto fue corregido y ahora aparece solo una vez "transubstanciación" (N°3, de la IGMR) y dos veces "Presencia real" (N°3 y 7).

(32) La partícula "para que"de la Plegaria Eucarística 3 insinúa que el elemento necesario sobre todos los demás para celebrar la Misa es el pueblo, y no el sacerdote. Y como en ninguna parte del texto se indica quién es el sacrificador secundario y particular, todo el pueblo mismo es presentado provisto de un poder sacerdotal propio y pleno. Lo cual es falso. Contra los luteranos y calvinistas que afirmaban que todos los cristianos son sacerdotes, y que, por lo tanto, ofrecen la cena, el Concilio de Trento (sesión XXII,

ORACIÓN EUCARÍSTICA 2

(31) Santo eres en verdad, Señor, fuente de toda santidad: por eso te pedimos que santifiques estos dones con la efusión de tu Espíritu, de manera que sean para nosotros Cuerpo y ✠ Sangre de Jesucristo, nuestro Señor.

ORACIÓN EUCARÍSTICA 3

Santo eres en verdad, Padre, y con razón te alaban todas tus criaturas, ya que por Jesucristo, tu Hijo, Señor nuestro, con la fuerza del Espíritu Santo, das vidas y santificas todo, y congregas a tu pueblo sin cesar, **(32)** *para que* ofrezca en tu honor un sacrificio sin mancha desde donde sale el sol hasta el ocaso.

Por eso, Padre, te suplicamos que santifiques por el mismo Espíritu estos dones que hemos separado para ti, de manera que sean Cuerpo y ✠ Sangre de Jesucristo, Hijo tuyo y Señor nuestro, que nos mandó celebrar estos misterios.

ORACIÓN EUCARÍSTICA 4

Te alabamos, Padre Santo, porque eres grande, y porque hiciste todas las cosas con sabiduría y amor.

A imagen tuya creaste al hombre y le encomendaste el universo entero, para que, sirviéndote solo a ti, su Creador, dominara todo lo creado.

Y cuando por desobediencia perdió tu amistad, no lo abandonaste al poder de la muerte, sino que, compadecido, tendiste la mano a todos, para que te encuentre el que te busca. Reiteraste, además, tu alianza a los hombres; por los profetas los fuiste llevando con la esperanza de salvación.

Y tanto amaste al mundo, Padre Santo, que, al cumplirse la plenitud de los tiempos, nos enviaste como salvador a tu único Hijo.

El cual se encarnó por obra del Espíritu Santo, nació de María, la Virgen, y así *compartió en todo nuestra condición humana* [*] menos en el pecado; anunció la salvación a los pobres, la liberación a los oprimidos y a los afligidos el consuelo. Para cumplir tus designios, él mismo se entregó a la muerte, y, resucitando, destruyó la muerte y nos dio nueva vida. Y porque no vivamos ya para nosotros mismos sino para él, que por nosotros murió y resucitó, envió, Padre, al Espíritu Santo, como primicia para los creyentes, a fin de santificar todas las cosas, llevando a plenitud su obra en el mundo.

Por eso, Padre, te rogamos que este mismo Espíritu santifique estas ofrendas, para que sean Cuerpo y ✠ Sangre de Jesucristo, nuestro Señor, y así celebremos el gran misterio que nos dejó como alianza eterna.

[*] ver nota 15, pág. 111

CONSAGRACIÓN Y ELEVACIÓN DE LA HOSTIA Y EL CÁLIZ		ORACIÓN EUCARÍSTICA 1 Narración de la Institución y consagración
Qui pridie quam pateretur, accepit panem in sanctas ac venerabiles manus suas, et elevatis oculis in cælum ad te Deum Patrem suum omnipotentem tibi gratias agens, bene ✠ dixit, fregit, deditque discipulis suis, dicens:	El cual, la víspera de su Pasión, tomó el Pan en sus santas y venerables manos, y levantando sus ojos al cielo, a Ti, Dios Padre suyo **(33)** Todopoderoso, dándote gracias, **(34)** lo ben ✠ dijo, lo partió, y lo dio a sus discípulos, diciendo:	El cual, la víspera de su Pasión, tomó pan en sus santas y venerables manos, y elevando los ojos al cielo, hacia ti, Dios, Padre suyo **(33)** *todopoderoso*, dando gracias **(34)** *te bendijo*, lo partió y lo dio a sus discípulos, diciendo:
Accipite, et manducate ex hoc omnes.	Tomad y comed todos de él. **(35)**	TOMAD Y COMED TODOS DE ÉL, PORQUE ESTO ES MI CUERPO, QUE SERÁ ENTREGADO POR VOSOTROS
	Funcionando en la persona de Cristo, el Sacerdote dice:	
HOC EST ENIM CORPUS MEUM	PORQUE ESTO ES MI CUERPO	
Simili modo postquam coenatum est, accipiens et hunc præclarum Calicem in sanctas ac venerabiles manus suas: item tibi gratias agens, bene ✠ dixit, deditque discipulis suis, dicens:	**(36)** De un modo semejante, acabada la Cena, tomando este precioso Cáliz en sus santas y venerables manos, dándote igualmente gracias, **(34)** *lo* ben ✠ dijo, y lo dio a sus discípulos diciendo:	**(36)** Del mismo modo, acabada la Cena, tomó este cáliz glorioso en sus santas y venerables manos; dándote gracias (34) *te bendijo* y lo dio a sus discípulos, diciendo:
Accipite, et bibite ex eo omnes:	Tomad y bebed todos de él,	TOMAD Y BEBED TODOS DE ÉL,

canon 2) definió: "Si alguno dijere que con las palabras: *Haced esto en memoria mía*, Cristo no instituyó sacerdotes a sus Apóstoles, o que no les ordenó que ellos y los otros sacerdotes ofrecieran su cuerpo y su sangre, sea anatema". "*Todos los sacerdotes y solo ellos son, propiamente hablando, ministros secundarios del Sacrificio de la Misa. Cristo es ciertamente el ministro principal. Los fieles solo mediatamente, pero no en sentido estricto, ofrecen por medio de los sacerdotes*" (A. Tanquerey, *Sinopsis de teología dogmática*, t. III, Desclée, 1930) (cfr. Breve Examen…, pág. 67) (véase pág. 109, nota 12).

(33) Supresión de la referencia a la Omnipotencia del Padre precisamente antes de la transubstanciación en las Preces 2, 3 y 4.

(34) El rito tradicional decía "benedixit", es decir, *lo bendijo*. En las Plegarias Eucarísticas 1, 3 y 4 se traduce *te bendijo*. Los protestantes no creen en cosas benditas, a través de *bendiciones constitutivas* (son aquellas por las

ORACIÓN EUCARÍSTICA 2	ORACIÓN EUCARÍSTICA 3	ORACIÓN EUCARÍSTICA 4
El cual, cuando iba a ser entregado a su Pasión, voluntariamente aceptada, tomó pan, dándote gracias, lo partió y lo dio a sus discípulos, diciendo:	Porque él mismo, la noche en que iba a ser entregado, tomó pan, y dando gracias **(34)** te bendijo, lo partió y lo dio a sus discípulos diciendo:	Porque él mismo, llegada la hora en que había de ser glorificado por ti, Padre Santo, habiendo amado a los suyos que estaban en el mundo, los amó hasta el extremo. Y, mientras cenaba con sus discípulos, tomó pan, **(34)** te bendijo, lo partió y se lo dio, diciendo:
TOMAD Y COMED TODOS DE ÉL, PORQUE ESTO ES MI CUERPO, QUE SERÁ ENTREGADO POR VOSOTROS	TOMAD Y COMED TODOS DE ÉL, PORQUE ESTO ES MI CUERPO, QUE SERÁ ENTREGADO POR VOSOTROS	TOMAD Y COMED TODOS DE ÉL, PORQUE ESTO ES MI CUERPO, QUE SERÁ ENTREGADO POR VOSOTROS
(36) Del mismo modo, acabada la Cena, tomó el cáliz, y, dándote gracias de nuevo, lo pasó a sus discípulos, diciendo:	**(36)** Del mismo modo, acabada la Cena, tomó el cáliz, dando gracias **(34)** *te bendijo*, y lo pasó a sus discípulos, diciendo:	**(36)** Del mismo modo, tomó el cáliz lleno del fruto de la vid, te dio gracias, y lo pasó a sus discípulos, diciendo:
TOMAD Y BEBED TODOS DE ÉL,	TOMAD Y BEBED TODOS DE ÉL,	TOMAD Y BEBED TODOS DE ÉL,

cuales una persona o cosa queda de manera estable destinada al culto divino). Pero sí aceptan la existencia de *bendiciones invocativas* que son aquellas por las cuales se piden gracias y efectos, principalmente espirituales. No parece haber otra explicación para la traducción que erróneamente dice "TE BENDIJO" (a Dios) cuando en realidad es "LO BENDIJO" (al pan).

(35) En el misal tradicional el mismo "punto y aparte" significaba claramente el paso del modo narrativo al modo *sacramental y afirmativo*, de manera que se separasen claramente del contexto meramente histórico.

(36) En el misal revisado por san Pío V, después de la primera Consagración, seguro de no sostener ya entre sus manos el pan, sino el verdadero Cuerpo de Cristo, el sacerdote dobla la rodilla para adorar a su Dios; luevo levantándose, eleva la Sagrada Hostia para presentarla a la adoración de los fieles arrodillados, y la adora de nuevo tras haberla depositado sobre el corporal

Funcionando en la persona de Cristo, el Sacerdote dice:		ORACIÓN EUCARÍSTICA 1
HIC EST ENIM CALIX SANGUINIS MEI, NOVI ET ÆTERNI TESTAMENTI:	PORQUE ESTE ES EL CÁLIZ DE MI SANGRE, DEL NUEVO Y ETERNO TESTAMENTO:	PORQUE ÉSTE ES EL CÁLIZ DE MI SANGRE, SANGRE DE LA ALIANZA NUEVA Y ETERNA,
MYSTERIUM FiDEI	MISTERIO DE FE (37)	**ELIMINADO**

que representa la mortaja y recuerda la realidad del cuerpo. En el Novus Ordo todo ha cambiado. Como si nada hubiera sucedido, el sacerdote, sin adorarla, levanta la Hostia, la presenta a los asistentes, luego la deposita no sobre el corporal, sino sobre la patena y solamente entonces dobla la rodilla. Esto *favorece* la interpretación protestante de que la presencia de Cristo no se produce por las palabras del sacerdote, sino por la fe de los asistentes. Además, añade el protestante, el sacerdote no ha adorado, como lo hacía antes. ¿Por qué se ha suprimido la primera genuflexión? Un luterano afirmará que únicamente por la fe de los fieles se hace Cristo presente espiritualmente en la Hostia; por ello, ahora, el sacerdote presenta primero el pan a los fieles y solamente después hace la genuflexión, ya que solamente después, se hace presente Cristo.

Desde ya que no se está diciendo que la nueva misa enseñe esta doctrina luterana. Solo se dice que el cambio introducido por la nueva misa *permite* esta interpretación luterana. Pero es una ambigüedad gravísima.

En el misal revisado por san Pío V el sacerdote interrumpe el relato de la Cena para pronunciar las palabras de la Consagración. Estas palabras no las dice en tono **recitativo**, sino en tono **intimatorio**, es decir, en el tono normal de alguien que realiza una acción personal. En el Novus Ordo el sacerdote no interrumpe el relato de la Cena y pronuncia las palabras de la Consagración **en el mismo tono recitativo, y sin separarlas de las palabras que las preceden.** *"Las palabras de la Consagración, por el modo como se insertan en el contexto del Novus Ordo pueden ser válidas por la eficacia subjetiva de la intención del ministro. Pero pueden no ser válidas, en cuanto que ya no son tales por la fuerza misma de las palabras, o más exactamente, por la virtud objetiva del modo de significar que tenían hasta ahora en la Misa. Por lo cual, los sacerdotes que en un futuro próximo no habrán sido instruidos conforme a la doctrina tradicional y quienes simplemente se fiarán del Novus Ordo con la intención de 'hacer lo que hace la Iglesia', ¿consagrarán en realidad válidamente? Es lícito dudar de ello"* (cfr. Breve…, 61).

ORACIÓN EUCARÍSTICA 2	ORACIÓN EUCARÍSTICA 3	ORACIÓN EUCARÍSTICA 4
PORQUE ÉSTE ES EL CÁLIZ DE MI SANGRE, SANGRE DE LA ALIANZA NUEVA Y ETERNA,	PORQUE ÉSTE ES EL CÁLIZ DE MI SANGRE, SANGRE DE LA ALIANZA NUEVA Y ETERNA,	PORQUE ÉSTE ES EL CÁLIZ DE MI SANGRE, SANGRE DE LA ALIANZA NUEVA Y ETERNA,
ELIMINADO	**ELIMINADO**	**ELIMINADO**

(37) Antes de decir algo sobre esta supresión, es muy importante tener en cuenta que los cambios realizados en la fórmula consagratoria son algo realmente inédito en la historia de la Iglesia. Ha sido –sin duda– otra concesión al "biblismo" protestante el buscar la identificación total de estas palabras con las que están en la Sagrada Escritura. En efecto, contrariamente a lo que la gente cree, la Iglesia estableció que la fórmula de la consagración del pan y del vino nunca fuera simplemente un texto de la Escritura reiterado. Como dice Jungmann (destacados nuestros):

> "[Los textos de la consagración] se fundan todos en la **tradición anterior** a los libros del Nuevo Testamento. Es natural; la Eucaristía se venía celebrando bastante años antes de que se redactasen los Evangelios o las primeras Cartas" (*El sacrificio de la Misa*, BAC, Madrid, 1963, pág. 751)

De hecho, es muy probable que los relatos de la Escritura eviten *intencionalmente* dar la forma correcta de este Sacramento, para que no fuera profanado. Escuchemos la explicación de santo Tomás de Aquino:

> "Los evangelistas no intentaban darnos las formas de los sacramentos, que convenía estuvieran ocultas en la primitiva Iglesia, como dice Dionisio: su intento fue escribir la historia de Cristo" (Suma teológica, III, q.78 a.3, ad 9).

Entendiendo bien lo que se quiere decir se puede afirmar sin dudar que *no es de la Escritura sino de la Tradición de donde recibimos la forma (las palabras) utilizadas en la confección de la Eucaristía.* Por eso el cardenal Manning podía decir (para seguro escándalo de los "hermanos separados"):

> **"Nosotros no recibimos nuestra religión de las Escrituras, ni la hacemos depender de ellas. Nuestra fe estaba en el mundo antes de que el Nuevo Testamento fuera escrito"** (Cardenal Henry Manning, *The Temporal Mission of the Church*, Burns and Oates, Londres, 1901).

En la misa revisada por san Pío V, la expresión "mysterium fidei", estaba colocada en el corazón de la consagración. Ha sido quitada de ahí en el nuevo misal, para que sirva como introducción a las aclamaciones de la anamnesis. De este modo, cambia su significado. En efecto, el misal tra-

		ORACIÓN EUCARÍSTICA 1
QUI PRO VOBIS ET PRO MULTIS EFFUNDETUR IN REMISSIONEM PECCATORUM.	QUE SERÁ DERRAMADA POR VOSOTROS Y *POR MUCHOS* (38) EN REMISIÓN DE LOS PECADOS	QUE SERÁ DERRAMADA POR VOSOTROS Y (38) POR TODOS LOS HOMBRES PARA EL PERDÓN DE LOS PECADOS.

dicional, al colocar esa expresión en el centro mismo de las palabras de la consagración, suscita el acto de fe en la presencia de Cristo realizada por la transubstanciación, y marca la cumbre de la misa: ahí está el sacrificio, al estar presente Cristo en estado de inmolación, y al significar las especies de pan y vino la separación del cuerpo y de la sangre de Cristo en el momento de su pasión. En cambio, en el nuevo misal, el *Mysterium fidei* ya no es el indicado por la consagración sacrificial, sino todo el conjunto de los misterios de la vida de Cristo, proclamados de modo conmemorativo: *"Este es el misterio de la fe. Anunciamos tu muerte, proclamamos tu resurrección. ¡Ven Señor Jesús!"*.

Este cambio desplaza el centro de gravedad de la misa y manifiesta la diferencia fundamental que hay entre el misal tradicional y el nuevo. Para el primero *la misa es ofrenda sacrificial del cuerpo y la sangre de Cristo, realmente presentes por la transubstanciación*, mientras que el segundo la entiende como *memorial de la Pascua de Cristo* (cfr. *El problema de la reforma litúrgica*, capítulo 1).

El Misal de Paulo VI dice: *Mysterium fidei* (Misterio de Fe). El texto unificado en lengua española traduce "éste es el Misterio de la fe" pero también permite que el sacerdote diga: "Este es el sacramento de nuestra fe". En este último caso no se tiene en cuenta que Cristo instituyó siete sacramentos. Tampoco que la Eucaristía no se nos presenta tan solo como Sacramento, sino ante todo como Sacrificio (la Santa Misa).

Además, se agrega intempestivamente un **diálogo posconsagratorio**. Ahora bien, es el momento para el sacerdote de ofrecer a Dios la hostia pura que acaba de inmolarse místicamente por sus palabras, pero todavía no es el momento de ocuparse de los fieles; mucho menos de dirigirse a ellos guardando silencio sobre los aspectos primeros del *mysterium fidei*: inmolación actual, presencia real.

Es de destacar lo que explica el cardenal Stickler sobre las palabras *"mysterium fidei"*:

> "Santo Tomás...dice que las palabras «mysterium fidei» vienen de tradición divina, que fue entregada a la Iglesia por los apóstoles. (...) La desaparición de *mysterium fidei* de la fórmula eucarística se convierte en un símbolo poderoso de

ORACIÓN EUCARÍSTICA 2	ORACIÓN EUCARÍSTICA 3	ORACIÓN EUCARÍSTICA 4
QUE SERÁ DERRAMADA POR VOSOTROS Y (38) *POR TODOS LOS HOMBRES* PARA EL PERDÓN DE LOS PECADOS.	QUE SERÁ DERRAMADA POR VOSOTROS Y (38) *POR TODOS LOS HOMBRES* PARA EL PERDÓN DE LOS PECADOS.	QUE SERÁ DERRAMADA POR VOSOTROS Y (38) *POR TODOS LOS HOMBRES* PARA EL PERDÓN DE LOS PECADOS.

desmitologización, un símbolo de la humanización de lo central del culto divino, la Santa Misa" (*Un perito…*).

(38) La traducción de "pro multis" no equivale a "todos los hombres". Esto contradice el mismo texto latino del Novus Ordo, que dice "pro multis" y a las misas tradicionales: romana, orientales y todos los demás ritos existentes (¡más de setenta!); contradice la enseñanza expresa del Magisterio de la Iglesia que, por el Catecismo Romano, ordenado según el decreto del Concilio de Trento, mandado publicar por san Pío V, y después por Clemente XII, nos enseña que Cristo Nuestro Señor *"muy sabiamente, pues, obró no diciendo por todos, puesto que entonces solo hablaba de los frutos de su Pasión, la cual solo para los escogidos produce frutos de salvación"*. Es decir, estas palabras se usan para distinguir la *virtud* de la Sangre de Cristo de sus *frutos*: pues la Sangre de nuestro Salvador es de valor *suficiente* para salvar a todos los hombres, pero sus *frutos* solo son aplicables a un cierto número y no a todos, y esto es por su propia falta –salva solo a aquellos que cooperan con la gracia (San Alfonso María de Ligorio, *Tratado de la Santa Eucaristía*).

Finalmente, después de más de tres décadas de reclamos para que se corrigiera este error, la Congregación para el Culto Divino y disciplina de los Sacramentos, con firma del cardenal Arinze, ha solicitado en el año 2006 (17 de octubre) a las Conferencias Episcopales que se vuelva a "una traducción más precisa de la fórmula tradicional *pro multis*" debiendo poner en la próxima traducción del Misal Romano "por muchos" y no "por todos los hombres". La traducción "por todos…" favorece la errónea interpretación de la postura protestante sobre la justificación en el sentido de que la redención de Cristo nos salva a todos "independientemente de las obras". Los protestantes conciben la justificación como un acto judicial por el cual Dios declara justo al pecador, aun cuando este siga siendo en su interior injusto y pecador (simul iustus et peccator). En la teología protestante la justificación, según su faz negativa (que para los católicos implica una verdadera remisión de los pecados, una auténtica liberación de la muerte y del poder demoníaco), no es una verdadera remisión de los pecados, sino una simple *no-imputación* o encubrimiento de los mismos. Según su faz positiva la justificación tampoco

		ORACIÓN EUCARÍSTICA 1
Hæc quotiescumque feceritis, in mei memoriam facietis.	**(39)** Cuantas veces *hiciereis* **estas cosas**, *las haréis* en memoria de Mí.	(39) HACED ESTO EN CONMEMORACIÓN MÍA.
		Anánmesis [S] Este es el *misterio* de nuestra fe
		(40) [C] Anunciamos tu muerte, proclamamos tu resurrección. ¡Ven Señor Jesús!

es una renovación y santificación internas (como sí lo es para los católicos, llamada justificación intrínseca), sino una mera imputación externa de la justicia de Cristo (justificación extrínseca). La condición subjetiva de la justificación es la llamada fe fiducial, es decir, la confianza del hombre, que va unida con la certidumbre de su salvación, en que Dios misericordioso le perdona los pecados por amor de Cristo. Tal teología errónea concibe el proceso del perdón de los pecados de la siguiente manera: el Padre celestial mira hacia Jesús y ve su amor y obediencia. Cristo está delante del hombre pecador como un escudo, de forma que el Padre "no ve" ya la pecaminosidad del pecador. Al ver a su Hijo amado y por amor a él, declara al pecador justificado e impune, sin que la disposición y propiedad interna del pecador haya cambiado. O como ilustra otra figura: "Cristo, con su manto de misericordia, cubre nuestras miserias persistentes". En síntesis, la justificación según los protestantes no hace justo sino que declara justo. No implica una renovación óntica. El hombre permanece, al mismo tiempo y totalmente, justo y pecador. No hay ningún tipo de renovación de la naturaleza que subsiste totalmente corrupta. Se excluye, por lo tanto cualquier realidad divina infusa que transforme ónticamente al hombre. La sentencia absolutoria es irreversible y definitiva. El merecimiento, en consecuencia, no existe, y es una palabra que debe desaparecer. Y, por cierto que no desconocemos el texto de la "Declaración Común sobre la doctrina de la Justificación" firmada el 31 de octubre de 1999 por el presidente de la Federación Luterana Mundial y por el cardenal Edward Cassidy, presidente del Pontificio Consejo para la Unión de los Cristianos, ni tampoco su Anexo, supuestamente aclaratorio. Lo menos que podemos decir es repetir lo que ya bien han afirmado otros: lejos de ser el reconocimiento de una fe común, esta "Declaración Común" es más bien una expresión común (confusa y equívoca) de dos creencias que siguen siendo diferentes e incompatibles en cuanto tales.

ORACIÓN EUCARÍSTICA 2	ORACIÓN EUCARÍSTICA 3	ORACIÓN EUCARÍSTICA 4
(39) HACED ESTO EN CONMEMORACIÓN MÍA.	**(39)** HACED ESTO EN CONMEMORACIÓN MÍA.	**(39)** HACED ESTO EN CONMEMORACIÓN MÍA.
[S] Este es el *misterio* de nuestra fe	[S] Este es el *misterio* de nuestra fe	[S] Este es el *misterio* de nuestra fe
(40) [C] Anunciamos tu muerte, proclamamos tu resurrección. ¡Ven Señor Jesús!	**(40)** [C] Anunciamos tu muerte, proclamamos tu resurrección. ¡Ven Señor Jesús!	**(40)** [C] Anunciamos tu muerte, proclamamos tu resurrección. ¡Ven Señor Jesús!

Por otra parte, finalmente, esta traducción también podría dar a entender falsamente de que todos los hombres se salvarán indefectiblemente.

(39) La anamnesis en el Canon Romano se refería a Cristo operante en acto, pero no a la mera memoria de Cristo o de un mero acontecimiento. No ordena "recordar lo que Él ha hecho", sino *"hacer* lo que Él mismo hizo" y *hacerlo para recordarlo,* lo que es esencialmente distinto. En cambio la fórmula paulina ("Haced esto…") que en el Novus Ordo reemplaza a la fórmula antigua cambia irreparablemente la fuerza misma del significado en la mente de los oyentes, de modo tal que la "conmemoración" que cierra la fórmula de la consagración, **ocupará poco a poco el lugar** de la "acción sacramental" (Breve Examen…, pág. 59).

(40) La aclamación asignada al pueblo para decir después de la Consagración ("Anunciamos…") introduce, bajo la apariencia de escatologismo, una nueva ambigüedad sobre la Presencia real. En efecto, se proclama oralmente, sin solución de continuidad después de la consagración, la expectación de la segunda venida de Cristo en la consumación de los tiempos, **en el mismo momento en el que Él se halla verdadera, real y substancialmente presente sobre el altar, como si solo aquélla fuera Su verdadera venida, pero no ésta.**

Y esto se recalca con mayor vigor en la fórmula de aclamación a elegir libremente: *"Cada vez que comemos este pan y bebemos el cáliz, anunciamos tu muerte, Señor, hasta que vengas",* donde se mezclan con la máxima ambigüedad cosas diversas, como la inmolación y la manducación (de "este pan", así, a secas), la Presencia Real y la Segunda Venida de Cristo. Incluso, esta segunda aclamación separa de modo claro *"Mysterium Fidei"* de la consagración,

Ofrenda de la Víctima

Unde et memores, Domine, nos servi tui, sed et plebs tua sancta, ejusdem Christi Filii tui Domini nostri tam beatæ passionis, nec non et ab inferis resurrectionis, sed et in cælos gloriosæ ascensionis: offerimus præclaræ majestati tuæ de tuis donis, ac datis,
hostiam ✠ puram,
hostiam ✠ sanctam,
hostiam ✠ immaculatam,
Panem ✠ sanctum vitæ æternæ,
et Calicem ✠ salutis perpetuæ.

Por esto, recordando, Señor, nosotros siervos tuyos, y también tu pueblo santo, la bienaventurada Pasión del mismo Jesucristo, tu Hijo, Señor nuestro, y su Resurrección de los infiernos, como también su gloriosa Ascensión a los cielos: Ofrecemos a tu excelsa Majestad, de tus mismos
dones y dádivas,
la Hostia ✠ Pura,
Hostia ✠ Santa,
Hostia ✠ Inmaculada;
el Pan ✠ Santo de la vida eterna, y el Cáliz ✠ de perpetua salvación.

ORACIÓN EUCARÍSTICA 1
Ofrenda u oblación

(41) Por eso, Padre, nosotros, tus siervos, y todo tu pueblo santo, al celebrar este memorial de la muerte gloriosa de Jesucristo, tu Hijo, nuestro Señor; de su santa resurrección del lugar de los muertos y de su admirable ascensión a los cielos, te ofrecemos, Dios de gloria y majestad, de los mismos bienes
que nos has dado,

ELIMINADO

el sacrificio puro, inmaculado y santo: Pan de vida eterna y Cáliz de eterna salvación.

Recomendación del Sacrificio

Supra quæ propitio ac sereno vultu respicere digneris: et accepta habere sicuti accepta habere dignatus es munera pueri tui justi Abel, et sacrificium Patriarchæ nostri Abrahæ: et quod tibi obtulit summus

Sobre los cuales, dígnate, Señor, mirar **(43)** con rostro propicio y sereno, y aceptarlos, como te dignaste aceptar los dones de tu siervo, el justo Abel, y el sacrificio de nuestro patriarca Abraham; y el que ofreció

Mira **(43)** con ojos de bondad
esta ofrenda y acéptala,
como aceptaste los dones
del justo Abel,
el sacrificio de Abrahán,
(44) nuestro padre en la fe, y la oblación

vinculándolo a la comunión. Además, es una absurda ruptura en el discurso, pues mientras nos estamos dirigiendo a Dios Padre, de pronto, y bruscamente, lo hacemos al Hijo.

(41) En el momento en que era obvio que debía hablar del sacrificio, porque se trata de ofrecer al Padre la Víctima inmolada sobre el altar, la nueva oración de las cuatro Preces (1, 2, 3 y 4) dice: *"Al celebrar ahora el memorial de la muerte y resurrección de tu Hijo"*. La nueva misa no contiene herejía formal porque no afirma que la Misa sea solo conmemoración; pero afirma que lo es y se calla que sea sacrificio en el preciso momento en que se consuma el sacrificio. Véase la sorprendente omisión en la Oración Eucarística 2 de la palabra "sacrificio" y también de la palabra "eterna" tanto en referencia al "pan de vida" como al "cáliz de salvación"

ORACIÓN EUCARÍSTICA 2	ORACIÓN EUCARÍSTICA 3	ORACIÓN EUCARÍSTICA 4
(41) Así, pues, Padre, al celebrar ahora el memorial de la muerte y resurrección de tu Hijo, te ofrecemos el pan de vida y el cáliz de salvación, y te damos gracias porque nos haces dignos de servirte en tu presencia.	(41) Así, pues, Padre, al celebrar ahora el memorial de la pasión salvadora de tu Hijo, de su admirable resurrección y ascensión al cielo, mientras esperamos su venida gloriosa, te ofrecemos, (42) en esta acción de gracias, el sacrificio vivo y santo.	(41) Por eso, Padre, al celebrar ahora el memorial de nuestra redención, recordamos la muerte de Cristo y su descenso al lugar de los muertos, proclamamos su resurrección y ascensión a tu derecha; y mientras esperamos su venida gloriosa, te ofrecemos su Cuerpo y su Sangre, sacrificio agradable a ti y salvación para todo el mundo
ELIMINADO	**ELIMINADO**	**ELIMINADO**
	Dirige tu (43) mirada sobre la ofrenda de tu Iglesia, y reconoce en ella la Víctima por cuya inmolación quisiste devolvernos tu amistad, para que, fortalecidos con el Cuerpo y Sangre de tu Hijo y llenos de su Espíritu Santo, formemos en Cristo un solo cuerpo y un solo espíritu.	Dirige tu (43) mirada sobre esta Víctima que Tú mismo has preparado a tu Iglesia, y concede a cuantos compartimos este pan y este cáliz, que, congregados en un solo cuerpo por el Espíritu Santo, seamos en Cristo, víctima viva para alabanza de tu gloria.

(42) Mientras que el misal revisado por san Pío V ejecuta un sacrificio al que se le llama eucarístico en razón de una de sus finalidades, en la Oración Eucarística 3 pareciera que el nuevo misal pretende realizar en primer lugar un memorial de acción de gracias, uno de cuyos hechos conmemorados es el sacrificio

(43) Al Padre ya no se le pide que mire con una mirada favorable una hostia de propiciación, sin mancha e inmaculada, sino solamente que mire nuestra ofrenda bondadosamente (y esto solo en la O.E 1)

(44) En la traducción en español se agrega la frase "nuestro padre en la fe" que no está en el original latino. ¿A título de qué es el agregado? Se deben hacer las debidas distinciones para no confundir al fiel. En las últimas décadas, se ha desarrollado "un nuevo diálogo" entre la Iglesia Católica y el judaísmo con

		ORACIÓN EUCARÍSTICA 1
sacerdos tuus Melchisedech, sanctum sacrificium, immaculatam hostiam.	**(45)** *tu sumo sacerdote Melquisedech*: sacrificio santo, Hostia Immaculada.	pura de tu sumo sacerdote Melquisedec. **ELIMINADO**

miras a superar "malentendidos" entre ambas religiones. Esto se ha encarado con una inédita falta de respeto por la historia y por el magisterio bimilenario de la Iglesia, ignorando el testimonio de la Tradición apostólica, el de los Santos Padres, y los santos y teólogos, que han sido unánimes cuando hablaron del misterio del rechazo del pueblo judío a Cristo. Este "diálogo judeo-cristiano" pretende disolver la situación dramática de Israel respecto al Hijo de Dios venido en carne. Así es que deben entenderse las heterodoxas teorías que circulan en seminarios y universidades sobre este punto como, por ejemplo, postular la plena vigencia de la Antigua Alianza o la ridícula teoría de la "doble expectativa": mientras los cristianos rezamos al Cristo (Mesías) ya venido, los judíos lo hacen al Cristo aún por venir, de tal manera que, en rigor, tendría que hablarse de dos Pueblos de Dios y no de uno, y haciendo de la historia un eterno presente que pretende fundamentar que esperamos a la misma persona. [*] Algunos llegan al absurdo de hablar de "Primer Testamento" (Antiguo) y "Segundo Testamento" (Nuevo) para "no ofender" a los hebreos. Esto solo puede sostenerse si se ha relativizado la verdad religiosa y el drama de la salvación. Esperar de dos modos diferentes al mismo Cristo es, además de irracional, moralmente ilícito: se da a entender que la Revelación se hizo defectuosamente; se le forja a todo un pueblo la ilusión de andar por el buen camino, cuando, en cambio, corre el mayor de los peligros; se siembra la confusión entre muchos católicos, que no saben ya si la Salvación ha bajado, o si ha de bajar todavía. El verdadero Israel es la Iglesia, el Nuevo Pueblo de Dios, lo

---

[*] Este tipo de planteos no solo es patrimonio de teólogos heterodoxos sino que pueden encontrarse —por lo menos implícitos, junto con otros graves errores— en tres documentos "oficiales" dentro de la Iglesia Católica. El primero es *Sin prejuicios, sin ofensas —Notas para una correcta presentación de los judíos en la predicación y en la catequesis de la Iglesia Católica—* de la Comisión especial para las relaciones religiosas con el judaísmo, aneja al Secretariado para la Unión de los Cristianos, del 24 de junio de 1985. El segundo, es uno de los documentos más vergonzosos en la historia de la Iglesia que haya salido de manos de autoridades eclesiásticas, las *Orientaciones para la presentación de los judíos y el judaísmo en la predicación católica*, elaborado por la Comisión episcopal de Liturgia de la Conferencia episcopal de los EE.UU. (28-9-1988). Y el tercero y más reciente, y que reitera hasta el hartazgo los errores anteriores es el documento elaborado por la Comisión para la Relaciones Religiosas con el Judaísmo, titulado *Los dones y la llamada de Dios son irrevocables. Reflexiones sobe temas teológicos sobre las relaciones católico-judías en ocasión del 50° Aniversario de Nostra Aetate* (10 de diciembre de 2015).

ORACIÓN EUCARÍSTICA 2	ORACIÓN EUCARÍSTICA 3	ORACIÓN EUCARÍSTICA 4
ELIMINADO	**ELIMINADO**	**ELIMINADO**

que algunos denominan *sustitución* y otros *transferencia sagrada*, doctrina que, a decir verdad, fue enseñada por el mismo Cristo:

> "Por eso os digo: el reino de Dios se os quitará a vosotros, para dárselo a un pueblo que produzca sus frutos. Y quien caiga sobre esta piedra, se estrellará, y a aquel sobre quien cayere, le aplastará. Al oír los príncipes de los sacerdotes y los fariseos sus parábolas, entendieron que se refería a ellos; y pretendían apoderarse de él, pero tenían miedo del pueblo, que le miraba como a un profeta" (Mt 21, 41; 43-46).

Tengamos presente que si Abraham puede ser llamado con justicia "nuestro padre en la fe" ("padre de todos los creyentes", Rom 4, 11) es precisamente porque –como dice N.S. Jesucristo – "me vió" "y se alegró" (Jn 8, 56). Y por cierto que su fe le fue contada como justicia cuando aún era incircunciso (Rom 4, 10). El diálogo animado por una caridad verdadera hacia los judíos, no solamente no debe excluir sino tender sobre todo a su conversión. Es humanamente comprensible que mientras ésta no se produzca, una tal perspectiva les sea poco agradable. Las propuestas que se escuchan en ciertos ámbitos, incluso católicos, sobre encarar un simple diálogo interreligioso sin intentar hacerlos cristianos, son falsas y opuestas a la enseñanza evangélica. [*]

(45) Se suprimen las referencias a los sacrificios figurativos en las Oraciones Eucarísticas 2, 3 y 4, negándose a sugerirnos que la Misa es el sacrificio perfecto que realiza aquéllos. Que el Viejo Testamento sea la figura del Nuevo, en particular que los sacrificios de los patriarcas y de los levitas hayan sido

[*] Se quisiera creer que cuando el ya fallecido arzobispo de París, cardenal Lustiger y, más tarde, el predicador de la Casa Pontificia, Raniero Cantalamessa (30-9-2005) o este último documento *Los dones…* (N°40) por ejemplo, afirman que no se debe buscar la conversión de los judíos, se refieren a los intentos realizados bajo formas poco sinceras, no inspiradas en el Evangelio y, además, indiscretos, y no que están proponiendo una renuncia definitiva a mostrarles a Jesucristo de manera caritativa "a las ovejas extraviadas de la casa de Israel" (Mt 15, 24). Por otro lado, nos alegramos de que el papa Benedicto XVI, al revisar la oración por los judíos que se rezaba en la liturgia del Viernes Santo antes del Concilio Vaticano II (4-2-2008) haya reafirmado la necesidad de la conversión de los judíos a Cristo y no haya tenido en cuenta para esa revisión la equívoca y ambigua fórmula del nuevo misal de la Reforma de Paulo VI. En efecto, si se comparan ambas preces, las diferencias son evidentes. En el Misal de Paulo VI se reza: "Oremos también por el pueblo judío, el primero a quien Dios habló desde antiguo por los profetas, para que el Señor acreciente en ellos el amor de su Nombre y la fidelidad

e inclinado profundamente sobre el altar, prosigue:		ORACIÓN EUCARÍSTICA 1 **Intercesiones**
Supplices te rogamus, omnipotens Deus: jube hæc perferri per manus sancti Angeli tui in sublime altare tuum, in conspectu divinæ majestatis tuæ: ut quotquot, ex hac altaris participatione sacrosanctum Filii tui, ✠ Corpus, et ✠ Sanguinem sumpserimus, omni benedictione cælesti et gratia repleamur. Per eumdem Christum Dominum nostrum. Amen.	Suplicámoste humildemente, Dios Omnipotente, mandes que sean llevados estos dones por las manos de tu santo Angel a tu sublime **(46)** altar del cielo, ante la presencia de tu Divina Majestad, para que todos cuantos participando de este altar recibamos el Sacrosanto ✠ Cuerpo y ✠ Sangre de tu Hijo, seamos colmados de toda bendición y gracia celestial. Por el mismo Cristo, Nuestro Señor. Amén.	Te pedimos humildemente, Dios todopoderoso, que esta ofrenda sea llevada a tu presencia, hasta el **(46)** *altar del cielo*, por manos de tu ángel, para que cuantos recibimos el Cuerpo y la Sangre de tu Hijo, al participar aquí de este **(46)** *altar*, seamos colmados de gracia y bendición. (Por Cristo nuestro Señor. Amén.)

agradables a Dios **solamente** en consideración del Sacrificio de la Cruz, y por ende de la Misa que contiene de una manera mística pero real Δel Sacrificio de la Cruz. Esto deja entender suficientemente que el Sacrificio de la Misa no es figura sino realidad. Eso parece haber convencido a algunos de la necesidad de sacar todo lo que hubiera presentado alguna equivalencia con el gran texto que une y opone las dos categorías de sacrificios.

(46) Igualmente se ha sacado toda referencia al **altar** en las Oraciones Eucarísticas 2, 3 y 4. *"Los…sacerdotes, en cuanto presidentes de la cena eucarística, se colocan o se sientan cara al pueblo detrás del altar, convertido en simple mesa, dirigiendo la mirada a la asamblea reunida."* (Klaus Gamber, op.cit., pág. 52).

(47) En la Oración Eucarística 2 se pide la unidad de los que participan del Cuerpo y de la Sangre de Cristo. Pero no se puede unir lo que ya está unido.

a la Alianza que selló con sus padres. Oración en silencio. Prosigue el celebrante: Dios topododeroso y eterno, que confiaste tus promesas a Abrahám y su descendencia; escucha con piedad las súplicas de tu Iglesia, para que el pueblo de la primera Alianza llegue a conseguir en plenitud la redención. Por Jesucristo nuestro Señor. Amén" (Misal del Vaticano II, Ediciones Mensajero, Bilbao, 1972, pág. 111). En cambio, la revisión de Benedicto XVI establece: "Oremos por los Judíos. Para que el Señor Dios nuestro ilumine su corazón a fin de que reconozcan a Jesucristo, Salvador de todos los hombres. *Oremos. Arrodillémonos. Levantaos.* Omnipotente y sempiterno Dios, que quieres que todos los hombres se salven y lleguen al conocimiento de la verdad, concede propicio que, entrando en Tu Iglesia la plenitud de las Naciones, todo Israel se salve. Por Jesucristo nuestro Señor. Amén". Como se puede ver, mientras en esta oración aparece la alusión a una oscuridad en el pueblo judío que debe ser iluminada por Dios, la necesidad de que se conviertan a Cristo y de que entren en la Iglesia Católica para que se salven, en la oración del Viernes Santo según el misal de Paulo VI no solo no se menciona nada de esto sino que pareciera que se reza para que los judíos perseveren en la Antigua Alianza sin referencia alguna a Cristo como el Mesías y Redentor de todos los hombres.

ORACIÓN EUCARÍSTICA 2	ORACIÓN EUCARÍSTICA 3	ORACIÓN EUCARÍSTICA 4

Te pedimos, humildemente, que el Espíritu Santo **(47)** *congregue en la unidad* a cuantos participamos del Cuerpo y Sangre de Cristo.

Que él nos transforme en ofrenda permanente, para que gocemos de tu heredad junto con tus elegidos: con María, **(48)** *la Virgen Madre de Dios*, los apóstoles y los mártires, (San N.) y todos los santos, por cuya intercesión confiamos obtener siempre tu ayuda.

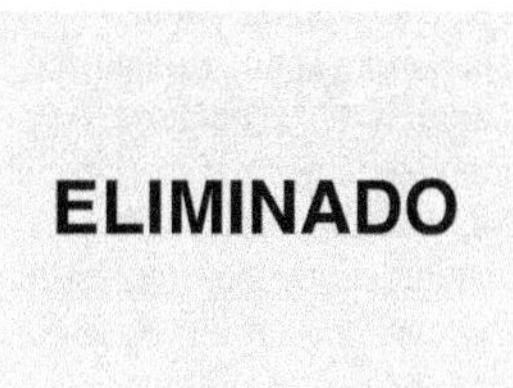

Acuérdate Señor, de tu Iglesia, extendida por toda la tierra; y con el Papa N., con nuestro obispo N., y todos los pastores que cuidan de tu pueblo, llévala a su perfección por la caridad.

Te pedimos, Padre, que esta Víctima de reconciliación traiga la paz y la salvación al mundo entero. Confirma en la fe y en la caridad a tu Iglesia, peregrina en la tierra: a tu servidor, el Papa N., a nuestro obispo N., al orden episcopal, a los presbíteros y diáconos, y a todo el pueblo redimido por ti.

Atiende los deseos y súplicas de esta familia que has congregado en tu presencia.

Reúne en torno a ti, Padre misericordioso, **(49)** a todos tus hijos dispersos por el mundo.

Y ahora, Señor, acuérdate de todos aquellos por quienes te ofrecemos este sacrificio: de tu servidor, el Papa N., de nuestro obispo N., del orden episcopal y de los presbíteros y diáconos, de los oferentes, y de los aquí reunidos, de todo tu pueblo santo y de *aquellos que te buscan con sincero corazón.*

Pues bien, los que asisten a misa ya están unidos: en el mismo lugar, en la misma oración, y pertenecen a la misma fe religiosa. Por lo tanto, esta oración parece ser ecuménica y referirse a todos los bautizados, los que participan del Cuerpo y de la Sangre del Salvador por el bautismo.

(48) Nuevamente, se verifica la omisión en la Oración Eucarística 3 del "siempre" en referencia a la virginidad de María.

(49) Mientras que el sacerdote que ofrece la Misa según el Misal revisado por san Pío V pide al Padre que reúna a todos sus hijos, no de cualquier manera, sino en la Iglesia santa y católica ("dígnate pacificarla y unirla", cfr. pág. 120 y 148) por el contrario el sacerdote que ofrece según aquella misma O.E. 3 no lo precisa. El Novus Ordo ignora con propósito deliberado este efecto primero del Sacrificio: reunir, pero no en cualquier lugar a las ovejas dispersas

"Memento" de los difuntos

Memento etiam, Domine, famulorum, famularumque tuarum N. et N., qui nos præcesserunt cum signo fidei, et dormiunt in somno pacis. Ipsis, Domine, et omnibus in Christo quiescentibus, locum refrigerii, lucis et pacis, ut indulgeas, deprecamur. Per eumdem Christum Dominum nostrum. Amen.

Acuérdate, también, Señor, de tus siervos y siervas N. y. N., que nos precedieron con la señal de la fe, y duermen el sueño de la paz. Pedímoste, Señor, que a estos y a todos los que descansan en Cristo, los concedas el lugar del **(50)** *refrigerio*, de la luz, y de la paz. Por el mismo Cristo, Nuestro Señor. Amén.

ORACIÓN EUCARÍSTICA 1
Memento de difuntos

Acuérdate también, Señor, de tus hijos N y N., que nos han precedido con el signo de la fe y duermen ya el sueño de la paz.
A ellos, Señor, y a cuantos descansan en Cristo, concédeles el lugar del **(50)** *consuelo*, de la luz y de la paz.
(Por Cristo nuestro Señor. Amén.)

Oración por nosotros, los pecadores (52)

Nobis quoque peccatoribus famulis tuis, de multitudine miserationum tuarum sperantibus, partem aliquam, et societatem donare digneris, cum tuis sanctis Apostolis et Martyribus: cum Joanne, Stephano, Matthia, Barnaba, Ignatio, Alexandro, Marcellino, Petro, Felicitate, Perpetua, Agatha, Lucia, Agnete, Cæcilia, Anastasia, et omnibus Sanctis tuis: intra quorum nos consortium, non æstimator meriti, sed veniæ, quæsumus, largitor admitte. Per Christum Dominum nostrum.

También a nosotros pecadores, siervos tuyos, que esperamos en la multitud de tus misericordias, dígnate darnos siquiera alguna parte, y vivir en compañía de tus Santos Apóstoles y Mártires: Juan, Esteban, Matías, Bernabé, Ignacio, Alejandro, Marcelino, Pedro, Felicidad, Perpetua, Agueda, Lucía, Inés, Cecilia, Anastasia, y de todos tus Santos: en cuyo consorcio te pedimos nos admitas, no como tasador de nuestros méritos, **(53)** *sino como Perdonador que eres de nuestras culpas.* Por Cristo, Nuestro Señor.

Y a nosotros, pecadores, siervos tuyos, que confiamos en tu infinita misericordia, admítenos en la asamblea de los santos apóstoles y mártires Juan el Bautista, Esteban, Matías y Bernabé, (Ignacio, Alejandro, Marcelino y Pedro, Felicidad y Perpetua, Agueda, Lucía, Inés, Cecilia, Anastasia) y de todos los santos; y acéptanos en su compañía, no por nuestros méritos, sino **(53)** *conforme a tu bondad.*

(50) El nuevo misal oculta igualmente todo lo que se refiere a la pena que sufren las almas del purgatorio. El misal revisado por san Pío V, al pedir el *locum refrigerii* para el alma difunta, deja entrever claramente las penas que pudiera estar sufriendo. La Oración Eucarística 1 habla, en cambio del lugar del *consuelo*. Las nuevas plegarias (2, 3 y 4) dicen simplemente "admítelos a contemplar la luz de tu rostro" (la O.E. 2), o "recíbelos en tu Reino" (O.E. 3). La Oración Eucarística 4 directamente no pide nada para los difuntos, indicándoselos a Dios únicamente con un "Acuérdate".

(51) En la versión en latín de la Oración Eucarística 2 se pone "beata" antes de la Virgen María, "beatis" antes de los Apóstoles y nombra a "todos los santos".

ORACIÓN EUCARÍSTICA 2	ORACIÓN EUCARÍSTICA 3	ORACIÓN EUCARÍSTICA 4
Acuérdate también, de nuestros hermanos que durmieron en la esperanza de la resurrección, y de todos los que han muerto en tu misericordia; admítelos a contemplar la luz de tu rostro. Ten misericordia de todos nosotros, y así, con **(51)** María, la Virgen Madre de Dios, los apóstoles y *cuantos vivieron* en tu amistad a través de los tiempos, merezcamos, por tu Hijo Jesucristo, compartir la vida eterna y cantar tus alabanzas.	A nuestros hermanos difuntos y a cuantos murieron en tu amistad, recíbelos en tu Reino, donde esperamos gozar todos juntos de la plenitud eterna de tu gloria, por Cristo, Señor nuestro, por quien concedes al mundo todos los bienes.	**(50)** Acuérdate también de los que murieron en la paz de Cristo y de todos los difuntos cuya fe solo tú conociste. Padre de bondad, que todos tus hijos nos reunamos en la heredad de tu reino, con María, la Virgen Madre de Dios, con los apóstoles y los santos; y allí, junto **(52)** *con toda la creación libre ya del pecado y de la muerte*, te glorifiquemos por Cristo, Señor nuestro, por quien concedes al mundo todos los bienes.

Todo estas referencias a nuestros intercesores celestiales han sido suprimidas en la traducción al español. La referencia a los santos ha sido completamente eliminada y se reemplazó por un indefinido "cuantos vivieron…".

(52) En las Oraciones Eucarísticas 2, 3 y 4 se elimina la referencia a que *nosotros somos los pecadores* (en coincidencia con la pérdida de sentido expiatorio del sacrificio) y en la Oración Eucarística 4 se endosa la condición pecadora a *toda la creación*, más en consonancia con la idea protestante de "corrupción total" de la naturaleza creada (cfr. nota 61, pág 147)

(53) También vemos cómo donde antes se decía "no como tasador de nuestros méritos, sino como Perdonador que eres de nuestras culpas", se ha cambiado en el Novus Ordo (Oración Eucarística 1) por "sino conforme a tu bondad". Nuevamente verificamos la eliminación de todo aquello que haga referencia a la *culpa* y el *perdón* consiguiente.

	ORACIÓN EUCARÍSTICA 1
y trazando tres veces la señal de la cruz sobre la Hostia y el Cáliz, el Sacerdote prosigue diciendo:	
Per quem hæc omnia, Domine, semper bona creas, sancti ✠ ficas, vivi ✠ ficas, bene ✠ dicis, et præstas nobis. — Por quien, creas de continuo, Señor, todos estos bienes, los santi ✠ ficas, los vivi ✠ ficas, los ben ✠ dices, y nos los otorgas.	Por Cristo nuestro Señor. Por quien sigues creando todos los bienes, los santificas, los llenas de vida, los bendices y los repartes entre nosotros.
Doxología final del Canon y "pequeña elevación"	**Doxología**
Per ip ✠ sum, et cum ip ✠ so, et in ip ✠ so, est tibi Deo Patri ✠ omnipotenti, in unitate Spiritus ✠ Sancti, omnis honor et gloria. [S]Per omnia sæcula sæculorum. [C] Amen. — Por él ✠ mismo, y con él ✠ mismo, y en él ✠ mismo, a ti Dios Padre ✠ Todopoderoso, en unidad del Espíritu ✠ Santo, todo honor y toda gloria [S] Por todos los siglos de los siglos. [C] Amén.	[S] Por Cristo, con él y en él, a ti, Dios, Padre omnipotente, en la unidad del Espíritu Santo, todo honor y toda gloria por los siglos de los siglos. [C] Amén. **(54)**
FIN DEL CANON	**FIN DE LA PLEGARIA EUCARÍSTICA 1**

(54) Aquí finalizan las Oraciones Eucarísticas. Como corolario de todo lo dicho podemos citar nuevamente a Gamber: "Los tres nuevos cánones constituyen por sí mismos **una ruptura completa con la tradición**" ("*La reforma de la liturgia romana*", p. 31).

Queda claro que, después de las cinco oraciones oblativas, adorantes y suplicantes que preparan la consagración, después del *Te igitur* y del *Memento*, después del *Communicantes*, del *Hanc igitur* y del *Quam oblationem*, cuando el sacerdote llega a decir las palabras de la consagración está lo suficientemente iluminado sobre su realidad objetiva, su consistencia real, su alcance infinito. Las fórmulas que rodean la consagración, sean antes o después, manifiestan su realismo sacramental con tanto vigor que es moralmente imposible decir las palabras de la consagración a título de una simple evocación simbólica, y por lo tanto inoperante y vacía. Por oposición queda claro, también, que **la supresión de todas estas oraciones es un atentado directo a esa Presencia real sacramental y a la finalidad propiciatoria del sacrificio.**

Respecto al argumento esgrimido en ocasiones por los defensores de la perfecta ortodoxia del Novus Ordo Missae en el sentido de que los sacerdotes que puedan tener algún tipo de reparo en recitar las "nuevas" Oraciones Eucarísticas (2, 3 y 4) siempre tendrían la posibilidad de recurrir a la Oración Eucarística 1 la que, salvo algunos "pequeños" cambios, conservaría la correcta teología de la Misa, se puede señalar lo siguiente.

ORACIÓN EUCARÍSTICA 2	ORACIÓN EUCARÍSTICA 3	ORACIÓN EUCARÍSTICA 4
ELIMINADO	**ELIMINADO**	**ELIMINADO**
[S] Por Cristo, con él y en él, a ti, Dios, Padre omnipotente, en la unidad del Espíritu Santo, todo honor y toda gloria por los siglos de los siglos.	[S] Por Cristo, con él y en él, a ti, Dios, Padre omnipotente, en la unidad del Espíritu Santo, todo honor y toda gloria por los siglos de los siglos.	[S] Por Cristo, con él y en él, a ti, Dios, Padre omnipotente, en la unidad del Espíritu Santo, todo honor y toda gloria por los siglos de los siglos.
[C] Amén. **(54)**	[C] Amén. **(54)**	[C] Amén. **(54)**

FIN DE LAS PLEGARIAS EUCARÍSTICAS 2, 3 Y 4

En primer lugar, en el plano teórico, señalemos el absurdo que implica tener que "seleccionar" una plegaria eucarística entre varias en función de su mayor o menor fidelidad a la doctrina de la Iglesia cuando, normalmente, no tendría que existir ninguna duda sobre la perfecta ortodoxia de todas ellas. Esto solo bastaría para descalificar la débil defensa de los partidarios del Novus Ordo. Además, los cambios y supresiones del (mal) llamado Canon romano –y en las otras partes de la Misa– no son menores y se ha mostrado en este Estudio Comparativo cómo esas modificaciones son suficientes para disminuir de manera notable la explicitación de la idea de sacrificio propiciatorio y la identidad del ministerio sacerdotal según lo había definido siempre la Iglesia Católica. Y en segundo lugar, en el plano fáctico, se debe tener presente la sugestiva unanimidad de los sacerdotes en muchos países del mundo para ignorar olímpicamente la Oración Eucarística 1 (es decir, la supuestamente más ortodoxa) en favor de alguna de las otras tres. De hecho, en la Argentina, por ejemplo, aún los sacerdotes más atentos a la celebración cuidadosa del culto, rara vez apelan a este "canon largo" y, en cambio, casi todos rezan la O.E. 2 (la más breve), precisamente la que los estudiosos consideran totalmente compatible con las creencias protestantes.

 | **RITO DE LA COMUNIÓN**

LA COMUNIÓN

Padre nuestro

Oración del Señor

Oremus. Præceptis salutaribus moniti, et divina institutione formati, audemus dicere:

Oremos. Amonestados con preceptos saludables, y formados por la enseñanza divina, nos atrevemos a decir:

[S] Fieles a la recomendación del Salvador y siguiendo su divina enseñanza nos atrevemos a decir:

PADRE NUESTRO, qui es in cælis: Sanctificetur nomen tuum: Adveniat regnum tuum: Fiat voluntas tua, sicut in cælo et in terra. Panem nostrum quotidianum da nobis hodie: Et dimitte nobis debita nostra, sicut et nos dimittimus debitoribus nostris. Et ne nos inducas in tentationem.
[Todos] Sed libera nos a malo.

PADRE NUESTRO, que estás en los cielos, santificado sea tu nombre, venga a nos tu reino; hágase tu voluntad, así en la tierra como en el cielo. El pan nuestro de cada día, dánosle hoy, y perdónanos nuestras **(55)** *deudas*, así como nosotros perdonamos a nuestros deudores. Y no nos dejes caer en la tentación.
[Todos] Mas líbranos del mal.

[Todos] PADRE NUESTRO, que estás en los cielos, santificado sea tu Nombre; venga tu reino; hágase tu voluntad en la tierra como en el cielo; danos hoy nuestro pan de cada día; perdona nuestras **(55)** *ofensas* como también nosotros perdonamos a los que nos ofenden; no nos dejes caer en tentación y líbranos del mal.

[S] Amen. Libera nos, quæsumus, Domine, ab omnibus malis, præteritis, præsentibus, et futuris: et intercedente beata et gloriosa semper Virgine Dei Genitrice Maria, cum beatis Apostolis tuis, Petro et Paulo, atque Andrea, et omnibus Sanctis (✠ SE HACE LA SEÑAL DE LA CRUZ CON LA PATENA, BESÁNDOLA) da propitius pacem in diebus nostris; ut ope misericordiæ tuæ adjuti, et a peccato simus semper liberi, et ab omni perturbatione securi. Per eumdem Dominum nostrum Jesum Christum Filium tuum Qui tecum vivit et regnat in unitate Spiritus Sancti Deus.

[S] Amén. Te rogamos, Señor, nos libres de todos los males, pasados, presentes, y futuros: y por la intercesión de la bienaventurada y gloriosa siempre Virgen María, Madre de Dios, con tus Santos Apóstoles Pedro y Pablo, y Andrés, y todos los Santos, (✠ SE HACE LA SEÑAL DE LA CRUZ CON LA PATENA, BESÁNDOLA) danos *propicio*, la paz en nuestros días, para que, ayudados con el auxilio de tu misericordia, vivamos siempre libres de pecado, y seguros de toda perturbación. Por el mismo Jesucristo, Señor nuestro e Hijo tuyo, que vive y reina contigo en unidad del Espíritu Santo, Dios.

Líbranos de todos los males, Señor,

y concédenos la paz en nuestros días, para que, ayudados por tu misericordia, vivamos siempre libres de pecado y protegidos de toda perturbación,
(58) *mientras esperamos la gloriosa venida de nuestro Salvador Jesucristo.*

---

(55) La palabra "deuda" siempre ha expresado mucho más claramente el estado de débito pendiente de una *satisfacción*, que la palabra "ofensa". Este cambio se explica a la luz de la "nueva teología" que niega que el pecado tenga que considerarse desde el ángulo de la justicia divina y, por lo tanto, no le acarrea ninguna deuda de justicia con Dios. En efecto, estos neoteólogos dicen que así como el don de una criatura no le agrega nada a Dios, el pecado tampoco le quita nada. Esta afirmación tiene una ambigüedad importante: aunque es evidente que el pecado no le quita nada a la *naturaleza* de Dios, lesiona sin embargo su *derecho* a ser adorado y obedecido. Se olvida que se puede hacer una injuria al honor de Dios (y por consiguiente hay un deber de reparación) sin que eso cause ningún perjuicio a su naturaleza. Santo Tomás de Aquino afirma: *"Por los actos humanos, a Dios en sí mismo nada se le puede dar ni quitar; no obstante, el hombre, en cuanto depende de él, algo substrae a Dios o le ofrece cuando guarda o no el orden establecido por Él"* (Suma Teológica, I-II, q. 21, a.4, ad 1). Cuando el pecador niega a Dios el honor debido, se constituye en su enemigo y en su deudor en justicia. Según la nueva teología, por el contrario, cuando el hombre peca parece perjudicarse solo a sí mismo o a la sociedad y no a Dios. El pecado no lesionaría la justicia de Dios, sino solamente su amor, en el sentido en que es un rechazo de ese amor. Pretendiendo exaltar la liberalidad de Dios en la obra de la Creación, considera que se la ensombrecería si se hiciese de Dios un celoso defensor de su propio honor (cfr. *Apartado 2*, pág. 66). Todo esto atenta contra la existencia de un fin expiatorio del Sacrificio para vivos y difuntos, y además ignora la posibilidad cierta de que las almas de esos difuntos tengan que purificarse de esas "deudas" (lo que los teólogos llaman "los reatos de pena pendientes") en el purgatorio, verdad de fe católica que, como se sabe, es negada por los protestantes.

(56) Ya no se habla más de males "pasados, presentes y futuros", sino genéricamente de "todos los males". Así puede omitir referirse al aspecto expiatorio de la misa sobre, por ejemplo, culpas que ya cometimos.

(57) Las referencias a la Virgen y a los santos desaparecen del **Libera nos.**

(58) En el Misal de Paulo VI leemos: "expectantes beatam spem et adventum Salvatoris nostri Iesu Christi". La traducción oficial en lengua española dice: "Mientras esperamos la gloriosa venida de nuestro Salvador Jesucristo". La omisión es grave, pues se ha prescindido de "beatam spem" que, traducido, equivale a "bienaventurada esperanza", es decir, *bienaventuranza esperada*. Se omite nada menos lo que debe anhelar todo fiel cristiano después de su muerte temporal: el premio de la gloria bienaventurada. La correcta traducción es: "mientras anhelamos la bienaventuranza esperada y la venida de nuestro Salvador Jesucristo

[S] Per omnia sæcula sæculorum.

[C] Amen.

[S] Por todos los siglos de los siglos.

[C] Amén.

[C] (59) Tuyo es el reino, tuyo el poder y la gloria por siempre, Señor.

Rito de la paz

[S] Señor Jesucristo, que dijiste a los Apóstoles: "La paz os dejo, mi paz os doy"; no tengas en cuenta *nuestros* pecados, sino la fe de tu Iglesia, y, conforme a tu palabra, concédele la paz y la unidad. Tú que vives y reinas por los siglos de los siglos.
[C] Amén.

Fracción del Pan

[S] Pax ✠ Domini sit ✠ semper vobis ✠ cum.
[C] Et cum spiritu tuo.

[S] La paz ✠ del Señor sea ✠ siempre con ✠ vosotros.
[C] Y con tu espíritu.

[S] La paz del Señor esté siempre con vosotros.
[C] Y con tu espíritu.
[S] Daos fraternalmente la paz.

Hæc commixto, et consecratio Corporis et Sanguinis Domini nostri Jesu Christi fiat accipientibus nobis in vitam æternam. Amen.

Esta mezcla y consagración del Cuerpo y Sangre de Nuestro Señor Jesucristo, **(60)** *sírvanos a los que la recibimos,* para la vida eterna. Amén.

[S] (en secreto) El Cuerpo y la Sangre de nuestro Señor Jesucristo, unidos en este cáliz, sean **(60)** *para nosotros* alimento de vida eterna.

Cordero de Dios

[S] Agnus Dei, qui tollis peccata mundi,
[C] miserere nobis.

[S] Cordero de Dios, que quitas **(61)** *los pecados* del mundo,
[C] ten misericordia de nosotros.

Cordero de Dios, que quitas **(61)** *el pecado* del mundo, ten piedad de nosotros.

[S] Agnus Dei, qui tollis peccata mundi,
[C] miserere nobis.

[S] Cordero de Dios, que quitas **(61)** *los pecados* del mundo,
[C] ten misericordia de nosotros.

Cordero de Dios, que quitas **(61)** *el pecado* del mundo, ten piedad de nosotros.

[S] Agnus Dei, qui tollis peccata mundi,
[C] dona nobis pacem.

[S] Cordero de Dios, que quitas **(61)** *los pecados* del mundo,
[C] danos la paz.

Cordero de Dios, que quitas **(61)** *el pecado* del mundo, danos la paz.

(59) Es verdad que los ritos orientales conocen esta doxología, aunque en una forma (trinitaria) más desarrollada; pero ella sirve al celebrante para concluir la oración del Señor dicha por el coro. En el nuevo ordo de la misa esta doxología recitada por el pueblo, en el contexto en que se dice, es una clara copia del culto protestante.

(60) Otra traducción decía: "Esta mezcla del cuerpo y sangre de nuestro Señor Jesucristo, alimente en nosotros la vida eterna". Sin embargo el texto unificado en lengua española vuelve a cambiar el acento al reemplazar "en nosotros" por "para nosotros" con lo que se vuelve a verificar la tendencia subjetivista típica del pensamiento protestante. Nótese cómo progresivamente se ha pasado desde la fórmula "objetiva" del rito de siempre que decía "sírvanos a los que la recibimos para la vida eterna" a fórmulas más afines al sentir protestante.

(61) En la nueva misa aparece una traducción en singular de la triple aclamación del "Cordero de Dios que quitas **el** pecado del mundo" cuando en realidad debería traducirse por "Cordero de Dios que quitas **los pecados** (es decir, los *nuestros y los de todos los hombres*) del mundo" (cfr. nota 6, pág. 101 y nota 52, pág. 141).

Oración por la paz de la Iglesia   [DE RODILLAS]

Domine Jesu Christe, qui dixisti Apostolis tuis: Pacem relinquo vobis, pacem meam do vobis: ne respicias peccata mea, sed fidem Ecclesiæ tuæ: eamque secundum voluntatem tuam pacificare et coadunare digneris: Qui vivis et regnas Deus per omnia sæcula sæculorum.
Amen.

Señor mío Jesucristo, que dijiste a tus Apóstoles: La paz os dejo, mi paz os doy, no mires **(62)** *mis pecados*, sino la fe de tu Iglesia, y dígnate pacificarla y unirla, segun tu voluntad; Tú que vives y reinas Dios por todos los siglos de los siglos.
Amén.

Oraciones preparatorias para la Comunión

Domine Jesu Christe, Fili Dei vivi, qui ex voluntate Patris, cooperante Spiritu Sancto, per mortem tuam mundum vivificasti: libera me per hoc sacrosanctum Corpus et Sanguinem tuum ab omnibus iniquitatibus meis, et universis malis: et fac me tuis semper inhærere mandatis, et a te numquam separari permittas: Qui cum eodem Deo Patre, et Spiritu Sancto vivis et regnas Deus in sæcula sæculorum.
Amen.

Señor Jesucristo, Hijo de Dios vivo, que por voluntad del Padre, cooperando el Espíritu Santo, con tu muerte diste vida al mundo: por este tu Sacrosanto Cuerpo y Sangre, líbrame de todas mis iniquidades y de todos los otros males, y haz que esté siempre adherido a tus mandamientos y no permitas que me separe nunca de Ti, que vives y reinas con el mismo Dios Padre y el Espíritu Santo, Dios por todos los siglos de los siglos.
Amén.

Perceptio Corporis tui, Domine Jesu Christe, quod ego indignus sumere præsumo, non mihi proveniat in judicium et condemnationem: sed pro tua pietate prosit mihi ad tutamentum mentis et corporis, et ad medelam percipiendam: Qui vivis et regnas cum Deo Patre in unitate Spiritus Sancti Deus, per omnia sæcula sæculorum. Amen.

Señor Jesucristo, la Comunión de tu Cuerpo, que yo, indigno, me atrevo a recibir, no sea para mí motivo de juicio y condenación, sino que, por tu piedad, me aproveche para defensa del alma y del cuerpo, y de remedio saludable. Tú que vives y reinas con Dios Padre en unidad del Espíritu Santo, Dios por todos los siglos de los siglos.
Amén.

Preparación del sacerdote y de los fieles

[S] (en secreto) Señor Jesucristo, Hijo de Dios vivo, que por voluntad del Padre cooperando el Espíritu Santo, diste con tu Muerte la Vida al mundo, líbrame, por la recepción de tu Cuerpo y de tu Sangre de todas mis culpas y de todo mal. Concédeme cumplir siempre tus mandamientos y jamás permitas que me separe de Ti.

(o bien):

Señor Jesucristo, la comunión de tu Cuerpo y de tu Sangre,
no sea para mí un motivo de juicio y condenación;
sino que, por tu piedad, me aproveche para defensa de mi alma y cuerpo y como
remedio saludable.

ELIMINADO

(62) En la oración "Domine Jesu Christe" (*Señor Jesucristo*) el sacerdote pide perdón por sus pecados personales (ne respicias peccata mea, no mires mis pecados); el Novus Ordo, para eliminar la distinción del sacerdote que actúa separadamente de la asamblea de los fieles, ha alterado las palabras reemplazándolas por "peccata nostra", "nuestros pecados" (cfr. pág. 146, Oración eucarística 1, "Rito de la paz"; cfr. nota 52, pág. 141).

Comunión del Sacerdote

El Sacerdote junta las dos partes de la Hostia, preparándose para consumirla, y dice:

Panem cælestem accipiam, et nomen Domini invocabo.

Recibiré el Pan Celestial e invocaré el Nombre del Señor.

Con la Hostia en la mano izquierda y sobre la patena y dándose con la derecha tres golpes de pecho, dice el Sacerdote tres veces, confesando su indignidad

Domine non sum dignus, ut intres sub tectum meum: sed tantum dic verbo, et sanabitur anima mea.

Señor, yo no soy digno de que entres en mi morada; mas decid una sola palabra y **(64)** *mi alma será sanada.*

y recibe la Sagrada Hostia, diciendo:

Corpus Domini nostri Jesu Christi custodiat animam meam in vitam æternam. Amen.

El Cuerpo de Nuestro Señor Jesucristo guarde **(64)** *mi alma* para la vida eterna. Amén

Y mientras recoge de sobre el corporal las partículas que han podido desprenderse de la Hostia grande, se prepara a consumir el Cáliz, diciendo:

Quid retribuam Domino pro omnibus quæ retribuit mihi? Calicem salutaris accipiam, et nomen Domini invocabo. Laudans invocabo Dominum, et ab inimicis meis salvus ero.

¿Con qué corresponderé yo al Señor por todos los beneficios que de él he recibido? Sumiré el Cáliz de la salvación e invocaré el Nombre del Señor. Con alabanzas invocaré al Señor y quedaré libre de mis enemigos.

El Sacerdote hace la señal de la cruz con el Cáliz y recibe la Preciosa Sangre, diciendo:

Sanguis Domini nostri Iesu ✠ Christi custodiat animam meam in vitam æternam. Amen.

La Sangre de Nuestro Señor ✠ Jesucristo guarde **(65)** *mi alma* para la vida eterna. Amen

Comunión de los fieles

Mientras el Sacerdote comulga con el Cáliz, el acólito y los fieles rezan el Acto de contrición, preparándose para su Comunión:

[C] Confiteor Deo omnipotenti, beatæ Mariæ semper Virgini, beato Michæli Archangelo, beato Joanni Baptistæ, Sanctis

[C] Yo, pecador, me confieso a Dios todopoderoso, a la bienaventurada siempre Virgen María, al bienaventurado San

---

Presentación de la Eucaristía

[S] Este es el Cordero de Dios que quita *el pecado* del mundo. Dichosos los invitados a **(63)** *la cena del Señor.*

[S] y [C] Señor, yo no soy digno de que entres en mi casa, pero una palabra tuya bastará para sanarme. **(64)**

Comunión del celebrante

[S] (en secreto) El cuerpo de Cristo **(64)** me guarde para la vida eterna.

ELIMINADO

[S] (en secreto) La sangre de Cristo **(65)** *me guarde para la vida eterna.*

Comunión de los fieles

ELIMINADO

(63) La invitación al convite de Cristo, que sigue a la preparación privada del sacerdote, y precede al acto de humildad anterior a la Comunión, termina en el Misal de Paulo VI, de la siguiente manera: *Beati qui ad cenam Agni vocati sunt.* Palabras que se traducen erróneamente por *"dichosos los invitados a la cena del Señor"*.

No se trata de "esta" cena sino que se trata de la Cena del Cordero, que es el Cielo (cf. Apoc 19, 9), es decir, la gloria eterna prometida por Cristo a cada uno de los elegidos inmediatamente después de la muerte terrenal o inmediatamente después de haberse purificado en el Purgatorio. La verdadera traducción debería ser: "Bienaventurados los que han sido llamados a la Cena del Cordero". Además, con esta expresión "cena del Señor", al mismo tiempo que se refuerza la idea de convite, afín al pensamiento protestante, se oculta la noción de la Eucaristía como viático para la vida eterna.

(64) En el rito anterior quedaba claro que era *primero* el sacerdote quien confesaba su indignidad. Ahora, en el rito nuevo esta confesión la hace simultáneamente el sacerdote junto con los fieles. Otra muestra más de cómo el rito de Paulo VI diluye la distinción esencial funcional y jerárquica en el sacrificio. Además en el fórmula nueva se elimina la referencia al alma.

(65) Nuevamente se elimina la referencia al "alma". Vemos que en varias oportunidades el Novus Ordo de Paulo VI omite la palabra "alma" (cfr. pág. 121 nota 27, pág. 140 nota 50, pág. 151 nota 64, pág. 153 nota 67) . Las razones de esta persistente omisión parecen responder a dos factores principales: por un lado, al ya denunciado influjo protestante en la elaboración de la nueva misa. En efecto, si uno de los objetivos declarados por monseñor Bugnini al dirigir la Reforma litúrgica era "rechazar todo obstáculo que pudiese constituir incluso la sombra de un riesgo de dificultad o de disgusto para nuestros hermanos separados", entonces la eliminación de la palabra "alma" parece bastante lógico, habida cuenta que los protestantes rechazan la enseñanza de que podamos rezar por el alma de un difunto y todo lo que tenga que ver con una esjatología intermedia, especialmente la existencia del purgatorio. Por otro lado, ha ganado cada vez más fuerza entre los modernistas y teólogos heterodoxos una antropología antidualista ("antropología unitaria") que no reconoce dos coprincipios esenciales en el hombre, el cuerpo y el alma, y que, al postular una resurrección "instantánea" en el momento de la muerte de *todo el hombre*, niega verdades de fe católicas: la subsistencia del *alma separada* después de la

Apostolis Petro et Paulo, omnibus sanctis, et tibi, Pater; quia peccavi nimis cogitatione verbo et opere, (DÁNDOSE TRES GOLPES DE PECHO) mea culpa, mea culpa, mea maxima culpa; ideo precor beatam Mariam semper Virginem, beatum Michælem Archangelum, beatum Joannem Baptistam, sanctos Apostolos Petrum et Paulum, omnes Sanctos, et te, Pater, orare pro me ad Dominum Deum nostrum.

Miguel Arcángel, al bienaventurado San Juan Bautista, a los Santos Apóstoles San Pedro y San Pablo, a todos los Santos y a vos, Padre; que pequé gravemente con el pensamiento, palabra y obra, (DÁNDOSE TRES GOLPES DE PECHO) por mi culpa, por mi culpa, por mi grandísima culpa. Por tanto, ruego a la bienaventurada Virgen María, al bienaventurado San Miguel Arcángel, al bienaventurado San Juan Bautista, a los Santos Apóstoles San Pedro y San Pablo, a todos los Santos, y a vos, Padre, que roguéis por mí a Dios nuestro Señor.

Y el Sacerdote, vuelto hacia el pueblo, absuelve a los comulgantes, diciendo:

[S] Misereatur vestri omnipotens Deus, et dimissis peccatis vestris, perducat vos ad vitam æternam.

[S] Dios Todopoderoso tenga misericordia de vosotros, y, perdonados vuestros pecados, os lleve a la vida eterna.

[C] Amen.

[C] Amén.

[S] Indulgentiam, ✠ absolutionem, et remissionem peccatorum vestrorum tribuat vobis omnipotens et misericors Dominus.
[C] Amen.

[S] El Señor Omnipotente y Misericordioso *os conceda* **(66)** *el perdón,* ✠ *la absolución, y remisión de vuestros pecados.*

[C] Amén.

[S] Ecce Agnus Dei: ecce qui tollit peccata mundi.

[S] He aquí el Cordero de Dios. He aquí Él que quita *los pecados* del mundo.

[TODOS TRES VECES] Domine non sum dignus, ut intres sub tectum meum: sed tantum dic verbo et sanabitur anima mea.

[TODOS TRES VECES] Señor, yo no soy digno de que entres en mi morada; mas decid una sola palabra y mi alma será sanada.

El Sacerdote da la Sagrada Comunión, diciendo a cada persona:

Corpus Domini nostri ✠ Jesu Christi custodiat animam tuam in vitam æternam. Amen.

El Cuerpo de Nuestro Señor ✠ Jesucristo **(67-68)** *guarde tu alma para la vida eterna.* Amén

[S] **(67-68)** El Cuerpo de Cristo.

[C] Amén.

ELIMINADO

muerte, ya sea en la bienaventuranza con Dios, sufriendo la condenación en el infierno o completando su purificación en el purgatorio, la creación directa e inmediata del alma por Dios, y la resurrección de la carne, recuperando el alma su unión con el cuerpo resucitado al Fin del mundo. Los modernistas también niegan la identidad que habrá entre el cuerpo resucitado y el cuerpo con el que vivimos ahora. Esto ha derivado, incluso, en la negación de la realidad física, corpórea e histórica de la resurrección de Cristo (como los conocidos planteos en su época de León Dufour y sus seguidores). Es decir, que la admisión de la antropología unitaria ha terminado por comprometer no solo la existencia de un estadio intermedio del alma separada sino, en último término, la misma resurrección corporal e histórica de Cristo. (*)

(66) En otro signo claro de la distinción entre el Sacerdote y los fieles, en el antiguo rito el Sacerdote, luego de comulgar, realiza una absolución preparatoria para la comunión a los fieles que se acercan a recibir el Cuerpo y la Sangre del Señor.

(67) En el nuevo rito, como el aspecto convival es el que predomina, se relativiza la santificación personal que representa la comunión. Cuando se distribuye la comunión, por ejemplo, las palabras: "El cuerpo de Nuestro Señor Jesucristo *guarde tu alma para la vida eterna*" se han suprimido; y se han suprimido igualmente en el nuevo misal las graves amonestaciones de san Pablo, recordadas el Jueves Santo y en la fiesta de Corpus en el misal revisado por san Pío V: "Quien come el pan y bebe el cáliz del Señor indignamente, será reo del cuerpo y de la sangre del Señor" (I Cor 11, 27-29).

(68) Es lícito preguntarse acerca del sentido de promover en la IGMR la comunión bajo las dos especies (N°281-287) y si esto tiene que ver con el "espíritu" de ese documento y de la reforma en general que buscó "no herir" creencias protestantes. En efecto, desde la época de los utroquistas en el siglo XV, reclamar la antigua práctica del "cáliz de los seglares" fue un símbolo de rebelión herética. En los hechos esto tiende a difuminar el límite entre el sacerdocio sacramental y el "sacerdocio universal de los fieles" y también es una forma de atacar el dogma de la Presencia real ya

---

(*) Para mayor detalle es muy útil la lectura del opúsculo *El tema del alma en el Catecismo de la Iglesia Católica* de José Antonio Sayés., Fundación Gratis Date, Cuadernos A5.

Acción de gracias [SENTADOS]

Terminada la Comunión del Sacerdote y de los fieles, y guardado en el Sagrario el copón con las Hostias, sigue la acción de gracias, que el Sacerdote empieza al mismo tiempo que purifica el Cáliz, en esta forma:

Quod ore sumpsimus, Domine, pura mente capiamus: et de munere temporali fiat nobis remedium sempiternum.

Lo que hemos recibido, oh Señor, con la boca, acojámoslo con alma pura, y que de don temporal se convierta para nosotros en remedio sempiterno.

Corpus tuum, Domine, quod sumpsi, et Sanguis, quem potavi, adhæreat visceribus meis: et præsta; ut in me non remaneat scelerum macula, quem pura et sancta refecerunt sacramenta: Qui vivis et regnas in sæcula sæculorum. Amen.

Tu Cuerpo, Señor, que he comido, y tu Sangre, que he bebido, se adhieran a mis entrañas; y **(69)** *haz que no quede mancha de maldad en mí*, a quien han alimentado estos puros y santos Sacramentos; Tú, Señor, que vives y reinas por los siglos de los siglos. Amén.

[S] Dominus vobiscum.
[C] Et cum spiritu tuo.

[S] El Señor sea con vosotros
[C] Y con tu espíritu.

Oración Postcomunión

[S] Per omnia sæcula sæculorum.
[C] Amen.

Oración Postcomunión

[S] Por los siglos de los siglos.

[C] Amén.

[S] Dominus vobiscum.
[C] Et cum spiritu tuo.

[S] El Señor sea con vosotros
[C] Y con tu espíritu.

[S] Ite, missa est.
[C] Deo gratias.

[S] Idos, la misa ha terminado.
[C] Demos gracias a Dios.

[
S] Benedicamus Domino.
[C] Deo gratias.

[S] Bendigamos al Señor.
[C] Demos gracias a Dios.

Silencio de Acción de gracias

Abluciones

[S] (en secreto): Haz, Señor, que recibamos con un corazón limpio el alimento que acabamos de tomar, y que el don que nos haces en esta vida nos aproveche para la eterna.

ELIMINADO

[S] Oremos

Oración Postcomunión

[S] Por Jesucristo, nuestro Señor.

[C] Amén.

que daría a entender que Cristo no estaría todo íntegro bajo cada una de las especies.

Es cierto que los redactores de la IGMR en su N°282 recuerdan la doctrina del Concilio de Trento (canon 3, Dz 885). Pero líneas más abajo las expresiones usadas son inequívocas en el sentido de promover esta práctica entre los fieles (destacados nuestros):

> "Cuando la Sagrada Comunión se hace bajo las dos especies el signo adquiere una forma *más plena*"; "el signo del banquete eucarístico resplandece *más perfectamente*" (N°281).

Y justo en el mismo momento en el que se alude a la doctrina de Trento que afirma que bajo cualquiera de las dos especies se recibe a Cristo todo e íntegro y el verdadero Sacramento, los redactores de la IGMR piden [refiriéndose a la comunión bajo las dos especies] que:

> "exhorten [los sagrados pastores] a los fieles para que se interesen por *participar más intensamente* en el sagrado rito, en el cual *resplandece de manera más plena* el signo del banquete eucarístico" (N°282).

Lo cual –por el contexto– da a entender con insistencia (ya se había hablado de una "forma más plena" y de un resplandor "más perfecto" en el número anterior, 281) que la recepción bajo las dos especies implica una participación "más intensa" y "más plena" en el banquete eucarístico que recibiendo la Hostia solamente. Esta viva exhortación para que los fieles comulguen de la misma manera que el sacerdote da qué pensar, teniendo presente todo lo que hemos dicho antes. Lutero y sus seguidores vieron en la comunión bajo las dos especies una manera muy expresiva de ocultar la distinción esencial entre el sacerdocio sacramental y el de los fieles.

> "[Acerca del Sacramento del Altar] también sostenemos que no se lo debe dar únicamente bajo una especie; y no tenemos necesidad de una alta ciencia que nos enseñen que bajo una especie hay tanto como bajo ambas, como afirman los sofistas y el concilio de Constanza" (Artículos de Esmalcalda, Tercera Parte, *Acerca del Sacramento del Altar*, § 2).

Lutero se refiere al decreto del 15 de junio de 1415 del Concilio de Constanza que estableció que hay que creer que una especie contiene tanto como ambas el verdadero Cuerpo y la verdadera Sangre de Cristo. Es la llamada doctrina de la *concomitancia* (Dz 626).

(69) Referencia clara a la finalidad expiatoria del sacrificio.

O, en Misas de Difuntos:

[S] Requiescant in pace.
[C] Amen.

[S] Descansen en paz.
[C] Amén.

Bendición final

El Sacerdote, profundamente inclinado sobre el Altar, encomienda a la Santísima Trinidad el Sacrificio que acaba de celebrar, diciendo:

Placeat tibi, sancta Trinitas, obsequium servitutis meæ: et præsta; ut sacrificium, quod oculis tuæ majestatis indignus obtuli, tibi sit acceptabile, mihique, et omnibus pro quibus illud obtuli, sit te miserante propitiabile. Per Christum Dominum nostrum. Amen.

(70) Séate grato, oh Trinidad Santa, el obsequio de mi sumisión; y haz que el sacrificio que yo, indigno, he ofrecido a los ojos de tu Majestad, sea digno de tu aceptación, y *para mí y para todos aquellos por quienes lo he ofrecido, sea propiciatorio*, por tu misericordia. Por Cristo, Nuestro Señor. Amén.

RITO DE CONCLUSIÓN
Saludo y bendición del Sacerdote

ELIMINADO

[S] El Señor esté con vosotros.
[C] Y con tu espíritu.

El Sacerdote se vuelve al pueblo para impartir la bendición final a los fieles (que deben estar de rodillas), diciendo:

[S] Benedicat vos omnipotens Deus, Pater, ✠ et Filius, et Spiritus Sanctus.

[C] Amen.

[S] Que os bendiga Dios Omnipotente, Padre, ✠ e Hijo, y Espíritu Santo.

[C] Amén.

La bendición de Dios todopoderoso, Padre, Hijo ✠ y Espíritu Santo descienda sobre vosotros.

[C] Amén.

Despedida

[S] Podéis ir en paz.
[C] Demos gracias a Dios.

"Sin la Santa Misa, ¿qué sería de nosotros?
Todos aquí abajo pereceríamos ya que únicamente eso
puede detener el brazo de Dios.
Sin ella, ciertamente que la Iglesia no duraría
y el mundo estaría perdido sin remedio"

Santa Teresa de Jesús

(70) Nuevamente se elimina toda referencia a las denominadas "Intenciones de la misa". Al final de la misa el sacerdote rogaba a la Santísima Trinidad que el sacrificio fuera **propiciatorio** "para mí y para todos aquellos por quienes lo he ofrecido". Hoy, cuando muere nuestra madre o está enfermo un hijo, o nuestra mujer va a sufrir una operación, o si nos aqueja alguna especial congoja o buscamos alivio para cualquier necesidad, en lo primero que debería pensar un católico practicante es en acudir a un sacerdote para que "nos diga una misa" por esa intención.

Esta costumbre la aborrecían singularmente los protestantes del siglo XVI que, como predicaban la "justificación por la fe" solamente, no podían aceptar que su salvación dependiera de la gracia recibida por los sacramentos visibles. El gran propósito de Cranmer (*) (1489-1556) fue destruir la fe en la eficacia de la misa como instrumento de salvación. Escribía en 1550: *"El propio tronco del árbol, o más bien las raíces de la mala yerba, es la doctrina papista de la transubstanciación, de la presencia real de la carne y sangre de Cristo en el sacramento del altar (como lo denominan) y del sacrificio y oblación de Cristo que hace el celebrante por la salvación de vivos y difuntos".*

(71) (pág. 156) supresión del Prólogo del Evangelio según San Juan y de las preces adicionales en coincidencia con la finalización de los ritos protestantes que terminan directamente con la bendición. Generalmente y sin entrar en detalles las preces adicionales son: tres *Avemarías*, oración a la Virgen *Deus, refugium nostrum*, oración al arcángel san Miguel, y la triple invocación *Cor Jesu Sacratissimum*.

(*) Clérigo hereje y "reformador" inglés nombrado arzobispo de Canterbury por Enrique VIII (1533). En esta calidad declaró el matrimonio de Enrique y Catalina de Aragón nulo e inválido, facilitando la unión de Enrique y Ana Bolena. Defendió con energía la ruptura de todos los lazos con Roma. Alentó el matrimonio de los clérigos, la supremacía de la Corona en asuntos eclesiásticos y combatió la doctrina católica de la transubstanciación.

Último Evangelio (71) [DE PIE]

[S] Dominus vobiscum.
[C] Et cum spiritu tuo.
[S] ✠ Initium sancti Evangelii secundum Joannem.
[C] Gloria tibi, Domine.

IN PRINCIPIO ERAT VERBUM, et Verbum erat apud Deum, et Deus erat Verbum. Hoc erat in principio apud Deum. Omnia per ipsum facta sunt: et sine ipso factum est nihil, quod factum est: in ipso vita erat, et vita erat lux hominum: et lux in tenebris lucet, et tenebræ eum non comprehenderunt. Fuit homo missus a Deo, cui nomen erat Joannes. Hic venit in testimonium, ut testimonium perhiberet de lumine, ut omnes crederent per illum. Non erat ille lux, sed ut testimonium perhiberet de lumine. Erat lux vera, quæ illuminat omnem hominem venientem in hunc mundum. In mundo erat, et mundus per ipsum factus est, et mundus eum non cognovit. In propria venit, et sui eum non receperunt. Quotquot autem receperunt eum, dedit eis potestatem filios Dei fieri, his, qui credunt in nomine ejus: qui non ex sanguinibus, neque ex voluntate carnis, neque ex voluntate viri, sed ex Deo nati sunt. [HACER LA GENUFLEXIÓN] ET VERBUM CARO FACTUM EST, et habitavit in nobis: et vidimus gloriam ejus, gloriam quasi Unigeniti a Patre, plenum gratiæ et veritatis.
[C] Deo gratias.

[S] El Señor sea con vosotros [C] Y con tu espíritu.
[S] ✠ Principio del Santo Evangelio según San Juan.
[C] Gloria a Ti, Señor.

EN EL PRINCIPIO ERA EL VERBO, y el Verbo estaba en Dios, y el Verbo era Dios. él estaba en el principio en Dios. Por él fueron hechas todas las cosas, y sin él no se ha hecho cosa alguna de cuantas han sido hechas. En él estaba la vida y la vida era la luz de los hombres, y esta luz resplandece en medio de las tinieblas, mas las tinieblas no la recibieron. Hubo un hombre enviado de Dios, por nombre Juan. Este vino como testigo para dar testimonio de la luz, a fin de que por él todos creyesen. él no era la luz, sino el que había de dar testimonio de la luz. La luz verdadera era la que alumbra a todo hombre que viene a este mundo. En el mundo estaba, y el mundo fue hecho por él; mas el mundo no lo conoció. Vino a los suyos y los suyos no lo recibieron. Pero a todos los que lo recibieron, que son los que creen en su nombre, dióles potestad de llegar a ser hijos de Dios, los cuales nacen no de la sangre, ni de la voluntad de la carne, ni de querer del hombre, sino que nacen de Dios. [HACER LA GENUFLEXIÓN] Y EL VERBO SE HIZO CARNE Y HABITÓ ENTRE NOSOTROS. Y nosotros hemos visto su gloria, gloria como del Unigénito del Padre, lleno de gracia y de verdad.
[C] Demos gracias a Dios.

ELIMINADO

Anexo I

UNA ENTREVISTA REVELADORA
La intención tras la Misa Nueva de Pablo VI: aproximarse a la liturgia protestante

Transcribimos aquí una entrevista que apareció en varias publicaciones del mundo, y que tuvo lugar en el programa de radio francés 'Ici Lumière 101' que se transmite para toda Francia, el 13 de Diciembre de 1993.

El presentador del programa es François Georges Dreyfus, un luterano francés y sus invitados eran Yves Chiron, autor del libro 'Pablo VI, el Papa desgarrado' ("Paul VI, le Pape écartelé") y Jean Guitton, el académico francés, escritor y amigo íntimo de Pablo VI.

Nadie conoció a Pablo VI más de cerca que Jean Guitton, por lo tanto su testimonio debería ser considerado de gran autoridad. La siguiente es una transcripción de los comentarios de Guitton grabados en esa emisión.

Dreyfus: Sería superfluo introducir a nuestros oyentes esta personalidad clave del catolicismo moderno, no solamente del catolicismo francés, el gran filósofo católico de nuestros tiempos. Es miembro de la Academia Francesa, de la Academia de Ciencias Morales y Políticas y es profesor honorario de la Sorbonne. Este hombre ha escrito una serie de libros que no mencionaré. Maestro, durante el programa hablaremos de ellos. Pero usted está aquí, pienso, no solamente porque es el gran filósofo católico de nuestro tiempo sino porque conocía bien a Pablo VI. Si he entendido bien lo que escribió el Sr. Chiron, usted acostumbraba ver a Pablo VI todos los años, durante muchos años, el día 8 de Septiembre, fiesta de la Natividad de Nuestra Señora.

Guitton: Lo conocí a Pablo VI durante casi medio siglo. Era amigo íntimo suyo y puedo decir que estaba muy cerca de mí. De manera que cuando fue elegido Papa fui a verlo y le dije: "Leí en Aristóteles que no se puede ser amigo de Júpiter; vine por lo tanto a despedirme, Santo Padre, porque no puedo ser más su amigo". Me contestó en seguida: "Oh, Guitton, ¿no tengo yo un corazón? ¿no soy capaz de tener amistad? Usted tiene que seguir siendo mi amigo para siempre ...". Lo vería todos los 8 de Septiembre... me hizo hacerle la promesa, o mejor dicho dos promesas, que no fueron muy difíciles de cumplir. La primera era ir a verlo todos los 8 de Septiembre, hasta el fin de mi vida. Y fui a verlo todos los 8 de Septiembre hasta el fin de su vida. Lamentablemente, o quizás felizmente, murió en el mes de agosto, así que no pude verlo por vigésima octava vez. Pero la segunda promesa fue más difícil de mantener. Me dijo: "Le pido que me prometa que me escribirá en confianza lo que piensa sobre la Iglesia y sobre mí, sea de mi gusto o no". Claramente este segundo pedido, esta segunda promesa solemne, fue la más difícil de mantener, porque en ocasiones defendí en su presencia a hombres de quienes él tenía una opinión muy pobre. No quiero darle mucha importancia, pero mi inclinación es ayudar a gente que no es... que es perseguida, que es malentendida y muchas veces tuve que hacerlo frente a Pablo VI.

Dreyfus Me parece que no estoy de acuerdo con Ud., maestro, en cuanto a las cuestiones litúrgicas. En materia litúrgica la Misa Nueva de Pablo VI, tal como aparece en su texto en francés, contradice sin lugar a dudas el texto de la Constitución sobre Liturgia Sagrada del propio Concilio. Encuentro que esto es inquietante. Déjeme darle un ejemplo. La Constitución dice que el latín debe ser usado lo más posible y que el uso del canto gregoriano debe continuar. No hay duda de que Pablo VI fue mucho más allá en este aspecto al requerir el uso generalizado del idioma vernáculo y al permitir que el canto gregoriano cayera en desuso en casi todas partes. En los últimos días estuve observando cuántas misas se celebran con canto gregoriano en la ciudad y diócesis de París. No hay siquiera una por domingo en cada barrio (Nota del traductor: el original dice "arrondissement". Hay veinte "arrondissements" en París). No hay ni siquiera veinte misas con canto gregoriano en París. Esto origina una cantidad de problemas, en vista de que hay doscientas parroquias en París, y si uno quiere ser fiel a la Constitución sobre la Liturgia debería haber por lo menos una misa con canto gregoriano por parroquia cada domingo.

Guitton: Estoy bastante sorprendido de oírlo a usted hablar así, porque la intención de Pablo VI en materia litúrgica, en la materia comúnmente llamada la Misa, era reformar la liturgia católica de manera que se aproximara lo más posible a la liturgia protestante...

Dreyfus: Eso es precisamente...

Guitton: ...con la Cena del Señor de los protestantes. El Papa, en la liturgia católica de mi infancia, el Papa o el sacerdote daban la espalda. Uno sólo podía verle la espalda. Ahora uno sólo puede verle la cara de forma que...

Dreyfus: Si usted viniera a mi parroquia luterana sólo vería la espalda del pastor. En todas las parroquias luteranas de París solamente se puede ver la espalda del pastor.

Guitton: Eso es extraño, porque Pablo VI lo hizo para aproximarse lo más posible a la Cena del Señor de los protestantes.

Dreyfus: Usted querrá decir la Cena del Señor de los calvinistas. Eso es *calvinización*. La gente habla de protestantización, pero cuando a Pablo VI le reprochan haber protestantizado la Misa yo pienso que quieren decir "calvinizado".

Guitton: Este es un problema difícil, las diferencias entre los calvinistas y los luteranos. A menos que me equivoque, usted es más bien luterano que calvinista.

Dreyfus: Yo no soy de ninguna manera calvinista.

Guitton: ¡De ninguna manera! Pablo VI sin embargo era todo lo contrario. Hay una gran diferencia entre vuestros corazones y el mío, pero yo sólo puedo repetir que Pablo VI hizo todo lo posible para alejar la Misa Católica del Concilio de Trento y acercarla a la Cena del Señor de los protestantes. Fue particularmente asistido por el arzobispo Bugnini, aunque Bugnini no siempre tuvo la total confianza de Pablo VI. Pero estoy sorprendido con su objeción… La Misa de Pablo VI es antes que nada un banquete, ¿no es cierto? Pone su mayor énfasis en el aspecto de participar de un banquete y mucho menos en la idea de sacrificio, un sacrificio ritual en la presencia de Dios con el sacerdote de espaldas. De manera que no creo estar equivocado cuando digo que la intención de Pablo VI y de la nueva liturgia que lleva su nombre, era de pedir a los fieles que participen más en la Misa, de dar más espacio a la Escritura y menos a lo que algunos llaman la "Magia" y que otros llaman la consagración, consubstanciación, transubstanciación y la Fe Católica. En otras palabras, vemos en Pablo VI una intención ecuménica de limpiar o al menos corregir o suavizar todo lo que fuera demasiado católico en la Misa y llevarla, como lo digo otra vez, lo más cerca posible de la liturgia calvinista.

Chiron: Eso es claramente una revolución en la Iglesia.

Guitton: Así de claro.

Dreyfus: Yo sólo agregaría que el padre Congar habla de una Revolución de Octubre en la Iglesia.

Guitton: Así es. Hoy en día estamos experimentando tal revolución, que divide a los católicos, divide las familias y que los seguirá dividiendo por mucho tiempo. En muchas familias católicas la gente pregunta: ¿a qué misa vas?

* * *

Nosotros: Sin palabras…

ANEXO 2   CARTA DE LOS CARDENALES OTTAVIANI Y BACCI AL PAPA PAULO VI

Beatísimo Padre:

Después de haber examinado el Novus Ordo Missæ *preparado por los peritos del* Consilium ad exsequendam Constitutionem de Sacra Liturgia, *después de haber largo tiempo reflexionado y orado, sentimos de nuestro deber, ante Dios y Vuestra Santidad, expresar las consideraciones siguientes:*

1) Como lo prueba suficientemente el examen crítico adjunto, por breve que sea, obra de un grupo escogido de teólogos, liturgistas y pastores de almas, el Novus Ordo Missæ, *si se consideran los elementos nuevos, susceptibles de apreciaciones muy diversas, que aparecen subentendidos o implicados, se aleja de manera impresionante, en conjunto y en detalle, de la teología católica de la Santa Misa, cual fue formulada en la XXII Sesión del Concilio de Trento, el cual, al fijar definitivamente los "cánones" del rito, levantó una barrera infranqueable contra toda herejía que pudiera menoscabar la integridad del misterio.*

2) Las razones pastorales aducidas para justificar tan grave rompimiento, aún si tuviesen el derecho de subsistir frente a razones doctrinales, no parecen suficientes. Tantas novedades aparecen en el Novus Ordo Missæ, *y, en cambio, tantas cosas de siempre se encuentran relegadas a un sitio menor o a otro sitio –por si acaso encuentran todavía lugar–, que podría resultar reforzada y cambiada en certidumbre la duda –que desgraciadamente se insinúa en numerosos ambientes– según la cual verdades siempre creídas por el pueblo cristiano podrían cambiar o silenciarse sin que haya infidelidad al depósito sagrado de la Doctrina al que la fe católica está ligada para la eternidad.*

Las recientes reformas han demostrado suficientemente que nuevos cambios en la liturgia no podrán hacerse sin llevar a la desorientación más total a los fieles que ya manifiestan que les resultan insoportables y disminuyen incontestablemente su fe. En la mejor parte del clero, esto se nota por una crisis de conciencia torturadora de la que tenemos testimonios innumerables y cotidianos.

3) Estamos seguros de que estas consideraciones directamente inspiradas por lo que escuchamos por la voz vibrante de los pastores y de la grey, no podrán menos de encontrar eco en el corazón paternal de Vuestra Santidad, siempre tan profundamente preocupado por las necesidades espirituales de los hijos de la Iglesia. Siempre los súbditos, para bien de quienes se promulga una ley, tienen derecho y más que derecho, deber, si la ley se revela al contrario nociva, de pedir al legislador, con filial confianza, su abrogación.

Por todo esto, suplicamos instantemente a Vuestra Santidad no querer que nos sea quitada –en un momento en que la pureza de la fe y la unidad de la Iglesia sufren tan crueles laceraciones y peligros cada vez mayores– la posibilidad de seguir utilizando el íntegro y fecundo MISSALE ROMANUM de San Pío V, tan altamente alabado por Vuestra Santidad y tan profundamente venerado y amado por el mundo católico entero.

Alfredo Cardenal Ottaviani
Antonio Cardenal Bacci

En la festividad de Corpus Christi, 1969

Anexo 3

Carta Apostólica
[en forma de motu proprio]
Summorum Pontificum
del papa Benedicto XVI

"Los sumos pontífices hasta nuestros días se preocuparon constantemente porque la Iglesia de Cristo ofreciese a la Divina Majestad un culto digno de "alabanza y gloria de Su nombre" y "del bien de toda su Santa Iglesia".

"Desde tiempo inmemorable, como también para el futuro, es necesario mantener el principio según el cual, "cada Iglesia particular debe concordar con la Iglesia universal, no solo en cuanto a la doctrina de la fe y a los signos sacramentales, sino también respecto a los usos universalmente aceptados de la ininterrumpida tradición apostólica, que deben observarse no solo para evitar errores, sino también para transmitir la integridad de la fe, para que la ley de la oración de la Iglesia corresponda a su ley de fe". (1)

"Entre los pontífices que tuvieron esa preocupación resalta el nombre de San Gregorio Magno, que hizo todo lo posible para que a los nuevos pueblos de Europa se transmitiera tanto la fe católica como los tesoros del culto y de la cultura acumulados por los romanos en los siglos precedentes. Ordenó que fuera definida y conservada la forma de la sagrada Liturgia, relativa tanto al Sacrificio de la Misa como al Oficio Divino, en el modo en que se celebraba en la Urbe. Promovió con la máxima atención la difusión de los monjes y monjas que, actuando según la regla de San Benito, siempre junto al anuncio del Evangelio ejemplificaron con su vida la saludable máxima de la Regla: "Nada se anticipe a la obra de Dios" (cap.43). De esa forma la Sagrada Liturgia, celebrada según el uso romano, enriqueció no solamente la fe y la piedad, sino también la cultura de muchas poblaciones. Consta efectivamente que la liturgia latina de la Iglesia en sus varias formas, en todos los siglos de la era cristiana, ha impulsado en la vida espiritual a numerosos santos y ha reforzado a tantos pueblos en la virtud de la religión y ha fecundado su piedad".

"Muchos otros pontífices romanos, en el transcurso de los siglos, mostraron particular solicitud porque la sacra Liturgia manifestase de la forma más eficaz esta tarea: entre ellos destaca San Pío V, que sostenido de gran celo pastoral, tras la exhortación de Concilio de Trento, renovó todo el culto de la Iglesia, revisó la edición de los libros litúrgicos enmendados y "renovados según la norma de los Padres" y los dio en uso a la Iglesia Latina" .

"Entre los libros litúrgicos del Rito romano resalta el Misal Romano, que se desarrolló en la ciudad de Roma, y que, poco a poco, con el transcurso de los siglos, tomó formas que tienen gran semejanza con las vigentes en tiempos más recientes".

"Fue éste el objetivo que persiguieron los Pontífices Romanos en el curso de los siguientes siglos, asegurando la actualización o definiendo los ritos y libros litúrgicos, y después, al inicio de este siglo, emprendiendo una reforma general"(2). Así actuaron nuestros predecesores Clemente VIII, Urbano VIII, san Pío X (3), Benedicto XV, Pío XII y el beato Juan XXIII.

"En tiempos recientes, el Concilio Vaticano II expresó el deseo de que la debida y respetuosa reverencia respecto al culto divino, se renovase de nuevo y se adaptase a las necesidades de nuestra época. Movido de este deseo, nuestro predecesor, el Sumo Pontífice Pablo VI, aprobó en 1970 para la Iglesia latina los libros litúrgicos reformados, y en parte, renovados. Éstos, traducidos a las diversas lenguas del mundo, fueron acogidos de buen grado por los obispos, sacerdotes y fieles. Juan Pablo II revisó la tercera edición típica del Misal Romano. Así los Pontífices Romanos han actuado "para que esta especie de edificio litúrgico (...) apareciese nuevamente esplendoroso por dignidad y armonía" (4).

"En algunas regiones, sin embargo, no pocos fieles adhirieron y siguen adhiriendo con mucho amor y afecto a las anteriores formas litúrgicas, que habían embebido tan profundamente su cultura y su espíritu, que el Sumo Pontífice Juan Pablo II, movido por la preocupación pastoral respecto a estos fieles, en el año 1984, con el indulto especial "Quattuor abhinc annos", emitido por la Congregación para el Culto Divino, concedió la facultad de usar el Misal Romano editado por el beato Juan XXIII en el año 1962; más tarde, en el año 1988, con la Carta Apostólica "Ecclesia Dei", dada en forma de Motu proprio, Juan Pablo II exhortó a los obispos a utilizar amplia y generosamente esta facultad a favor de todos los fieles que lo solicitasen".

"Después de la consideración por parte de nuestro predecesor Juan Pablo II de las insistentes peticiones de estos fieles, después de haber escuchado a los Padres Cardenales en el consistorio del 22 de marzo de 2006, tras haber reflexionado profundamente sobre cada uno de los aspectos de la cuestión, invocado al Espíritu Santo y contando con la ayuda de Dios, con las presentes Cartas Apostólicas establecemos lo siguiente:

Art. 1.- El Misal Romano promulgado por Pablo VI es la expresión ordinaria de la "Lex orandi" ("Ley de la oración"), de la Iglesia católica de rito latino. No obstante el Misal Romano promulgado por San Pío V y nuevamente por el beato Juan XXIII debe considerarse como expresión extraordinaria de la misma "Lex orandi" y gozar del respeto debido por su uso venerable y antiguo. Estas dos expresiones de la "Lex orandi" de la Iglesia no llevarán de forma alguna a una división de la "Lex credendi" ("Ley de la fe") de la Iglesia; son, de hecho, dos usos del único rito romano.

Por eso es lícito celebrar el Sacrificio de la Misa según la edición típica del Misal Romano promulgado por el beato Juan XXIII en 1962, que no se ha abrogado nunca, como forma extraordinaria de la Liturgia de la Iglesia. Las condiciones para el uso de este misal establecidas en los documentos anteriores "Quattuor abhinc annis" y "Ecclesia Dei", se sustituirán como se establece a continuación:

Art. 2.- En las Misas celebradas sin el pueblo, todo sacerdote católico de rito latino, tanto secular como religioso, puede utilizar sea el Misal Romano editado por el beato Papa Juan XXIII en 1962 que el Misal Romano promulgado por el Papa Pablo VI en 1970, en cualquier día, exceptuado el Triduo Sacro. Para dicha celebración siguiendo uno u otro misal, el sacerdote no necesita ningún permiso, ni de la Sede Apostólica ni de su Ordinario.

Art. 3.- Las comunidades de los institutos de vida consagrada y de las Sociedades de vida apostólica, de derecho tanto pontificio como diocesano, que deseen celebrar la Santa Misa según la edición del Misal Romano promulgado en 1962 en la celebración conventual o "comunitaria" en sus oratorios propios, pueden hacerlo. Si una sola comunidad o un entero Instituto o Sociedad quiere llevar a cabo dichas celebraciones a menudo o habitualmente o permanentemente, la decisión compete a los Superiores mayores según las normas del derecho y según las reglas y los estatutos particulares.

Art 4.- A la celebración de la Santa Misa, a la que se refiere el artículo 2, también pueden ser admitidos -observadas las normas del derecho- los fieles que lo pidan voluntariamente.

Art.5. §1.- En las parroquias, donde haya un grupo estable de fieles adherentes a la precedente tradición litúrgica, el párroco acogerá de buen grado su petición de celebrar la Santa Misa según el rito del Misal Romano editado en 1962. Debe procurar que el bien de estos fieles se armonice con la atención pastoral ordinaria de la parroquia, bajo la guía del obispo como establece el can. 392 evitando la discordia y favoreciendo la unidad de toda la Iglesia.

§ 2.-La celebración según el Misal del beato Juan XXIII puede tener lugar en día ferial; los domingos y las festividades puede haber también una celebración de ese tipo.

§ 3.- El párroco permita también a los fieles y sacerdotes que lo soliciten la celebración en esta forma extraordinaria en circunstancias particulares, como matrimonios, exequias o celebraciones ocasionales, como por ejemplo las peregrinaciones.

§ 4.- Los sacerdotes que utilicen el Misal del beato Juan XXIII deben ser idóneos y no tener ningún impedimento jurídico.

§ 5.- En las iglesias que no son parroquiales ni conventuales, es competencia del Rector conceder la licencia más arriba citada.

Art.6.   En las misas celebradas con el pueblo según el Misal del Beato Juan XXIII, las lecturas pueden ser proclamadas también en la lengua vernácula, usando ediciones reconocidas por la Sede Apostólica.

Art.7.   Si un grupo de fieles laicos, como los citados en el art. 5, §1, no ha obtenido satisfacción a sus peticiones por parte del párroco, informe al obispo diocesano. Se invita vivamente al obispo a satisfacer su deseo. Si no puede proveer a esta celebración, el asunto se remita a la Pontificia Comisión "Ecclesia Dei".

Art. 8.   El obispo, que desea responder a estas peticiones de los fieles laicos, pero que por diferentes causas no puede hacerlo, puede indicarlo a la Comisión "Ecclesia Dei" para que le aconseje y le ayude.

Art. 9.   §1. El párroco, tras haber considerado todo atentamente, puede conceder la licencia para usar el ritual precedente en la administración de los sacramentos del Bautismo, del Matrimonio, de la Penitencia y de la Unción de Enfermos, si lo requiere el bien de las almas.
§2. A los ordinarios se concede la facultad de celebrar el sacramento de la Confirmación usando el precedente Pontifical Romano, siempre que lo requiera el bien de las almas.
§3. A los clérigos constituidos "in sacris" es lícito usar el Breviario Romano promulgado por el beato Juan XXIII en 1962.

Art. 10.   El ordinario del lugar, si lo considera oportuno, puede erigir una parroquia personal según la norma del canon 518 para las celebraciones con la forma antigua del rito romano, o nombrar un capellán, observadas las normas del derecho.

Art. 11.   La Pontificia Comisión "Ecclesia Dei", erigida por Juan Pablo II en 1988, sigue ejercitando su misión. Esta Comisión debe tener la forma, y cumplir las tareas y las normas que el Romano Pontífice quiera atribuirle.

Art. 12.   La misma Comisión, además de las facultades de las que ya goza, ejercitará la autoridad de la Santa Sede vigilando sobre la observancia y aplicación de estas disposiciones.

Todo cuanto hemos establecido con estas Cartas Apostólicas en forma de Motu Proprio, ordenamos que se considere "establecido y decretado" y que se observe desde el 14 de septiembre de este año, fiesta de la Exaltación de la Santa Cruz, pese a lo que pueda haber en contrario.

Dado en Roma, en San Pedro, el 7 de julio de 2007, tercer año de mi Pontificado.

NOTAS

(1) Ordinamento generale del Messale Romano 3ª ed. 2002, n.397

(2) JUAN PABLO II, Lett. ap. Vicesimus quintus annus, 4 dicembre 1988, 3: AAS 81 (1989), 899

(3) Ibid. JUAN PABLO II, Lett. ap. Vicesimus quintus annus, 4 dicembre 1988, 3: AAS 81 (1989), 899

(4) S. PIO X, Lett. ap. Motu propio data, Abhinc duos annos, 23 ottobre 1913: AAS 5 (1913), 449-450; cfr JUAN PABLO II lett. ap. Vicesimus quintus annus, n. 3: AAS 81 (1989), 899

(5) Cfr IOANNES PAULUS II, Lett. ap. Motu proprio data Ecclesia Dei, 2 luglio 1988, 6: AAS 80 (1988), 1498

Bibliografía

- *Ordinario de la Misa,*   Texto unificado en lengua española, Conferencia Episcopal Argentina, 1989.

- *Misal del Vaticano II,*   Tomo I, Misal del Domingo, Ediciones Desclée de Brouwer, Ediciones Mensajero, 1972.

- Amerio, Romano   *Iota unum,* Salamanca, 1994.

- Azcárate, Andrés, R.P.   *Misal Dominical completo en latín y castellano,* Editorial Guadalupe, Buenos Aires, 1949.

- Bonneterre, Didier, R.P.   *El movimiento litúrgico,* Ictión, Buenos Aires, 1982.

- Bouyer, Louis   *La descomposición del catolicismo,* Herder, Barcelona, 1969.

- Brillant, Maurice (director)   *Enciclopedia de la Eucaristía,* Dedebec, Buenos Aires, 1949.

- Calmel, Roger-Thomas, O.P.   *El canon romano,* Ictión, Buenos Aires, 1983.

- Denzinger, Enrique   *El Magisterio de la Iglesia,* Editorial Herder, Barcelona, 1963.

- Etcheverrigaray, Miguel Angel   *Religión (las fuentes de la Gracia),* Ediciones Itinerarium, Buenos Aires.

- Fabro, Cornelio   *La aventura de la teología progresista,* Eunsa, Pamplona, 1976.

- Fundación San Pío X   *El problema de la reforma litúrgica* (la misa de Vaticano II y de Pablo VI –estudio teológico y litúrgico–), Buenos Aires, 2001.

- Gamber, Klaus R.P.   *La reforma de la liturgia romana,* Ediciones Renovación, Madrid, 1996.

- Hildebrand, Dietrich von   *El caballo de Troya en la Ciudad de Dios,* Ediciones Fax, Madrid, 1970.

- Jungmann, J.A. S.J.   *El sacrificio de la Misa,* Tratado Histórico-Litúrgico, BAC, Madrid, 1963.

- Kittel, Gerhard y Friedrich, G.   *Compendio del Diccionario Teológico del Nuevo Testamento,* Libros Desafío, 2003.

- Ott, Ludwig   *Manual de Teología dogmática,* Editorial Herder, Barcelona, 1986.

- Ottaviani, Alfredo cardenal/Bacci, Antonio cardenal   *Breve Examen Crítico del "Novus Ordo Missae",* Ictión, Buenos Aires, 1980.

- Pieper, Josef   *¿Qué significa "sagrado"?,* Rialp, Madrid, 1990.

- Raffard de Brienne, Daniel   *Lex orandi –la nueva misa y la fe–,* Fundación San Pío X, Buenos Aires, 1993.

- Ratzinger, Joseph   *El espíritu de la liturgia,* Herder, Barcelona, 2000.

- _______________ *Mi vida* (autobiografía 1927-1977), Ediciones Encuentro, Madrid, 2006.

- Salleron, Louis   *La nueva misa,* Ictión, Buenos Aires, 1978.

- Una voce argentina   *En defensa de la Misa,* Ictión, Buenos Aires, 1983.

www.ingramcontent.com/pod-product-compliance
Lightning Source LLC
Chambersburg PA
CBHW061532120726

48001CB00004B/1510